北京大学民营经济研究丛书

The Research of Development Patterns of
Urbanization in Small and Medium-Sized Cities
—Evaluation of Maturity and Quality

中小城市城镇化发展模式研究

——成熟度与质量评价

厉以宁 ◎顾问

张维智 单忠东 陈燕凤 ◎著

 经济科学出版社
Economic Science Press

总　序

　　民营经济在中国的经济结构中是最活跃、最积极、最具竞争力的经济成分，并且正在发展成为涵盖国民经济三大产业、涉及各行各业的庞大经济体系。二十多年来的改革实践证明，民营经济发展有力地支持了国民经济的持续、快速、健康增长，促进了所有制结构和产业结构的调整和优化，成为启动民间投资和拓宽就业渠道的重要力量。

　　随着社会的发展、生产力的提高、高新技术的广泛应用，传统的经济理论已经不能很好地解释和指导民营经济的快速成长。与民营经济发展创新的进程相适应，学术界同样面临如何提升民营经济理论研究水平、构建民营经济理论体系的任务。因此，需要不断有新的理论诞生，对民营经济发展过程中的普遍规律和基本原理加以科学地研究，结合中国市场经济发展特有的现实和中国传统文化的背景，寻求民营经济增长的最佳途径。构建民营经济理论体系的目标是：在对原有经济理论传承与借鉴的基础上，进一步完善民营经济的发展理论，为民营企业的成长注入蓬勃的生机，引导和帮助民营企业进行体制创新、机制创新和管理创新，提高层次和水平，不断增强市场竞争能力，把理论创新转化成为巨大的生产力，为民营经济发展创造丰厚的效益。

　　理论创新是实践创新的先导。中国民营经济的新一轮发展需要正确的理论导航，有了强大的理论做指引，民营经济的实践才能够充满生机和活力。编纂"北京大学民营经济研究丛书",正是构建民营经济发展理论体系的重大战略步骤之一。这套丛书体系完整、兼容并蓄,首次对中国的民营经济发展和民营企业成长进行了全面、系统、深入的研究,并提出系列原创性的观点。丛书总结了民营经济整个发展历程的成功实践经验,系统地将有关的思想理论进行了全面的归纳和提炼。丛书收录了在民营经济发展史上有重大学术意义的研究成果,反映民营经济领域的最新思想,敏锐捕捉和反映当代民营经济发展潮流,让读者了解学术思想前沿的最新进展与重要论题。

崛起中的民营企业,以其旺盛的成长活力和创新动力,已经成为国家政治和社会生活中引人注目的新焦点。关于民营企业的管理模式,也成为企业界和管理学界探讨的热点。必须承认,民营企业的存在和发展都与一定的历史阶段、社会发展状况、社会文化特征密切相关,只有根据其发展阶段的独特性,采用相应的管理模式,才能使其生命力不断延伸。但是,就目前的情况而言,民营企业采用的管理理论还主要是源自于西方,其主要理论框架都是基于西方企业的实践形成的。由于西方管理理论的社会环境、人文背景、社会发展阶段等都与中国目前的情况存在较大的差异,理论的应用价值大大降低。北京大学民营经济研究院进行的系列研究,为民营企业提供了一整套适合我国国情的特有的管理理论,向民营企业管理实践的科学化、西方管理理论的本土化的方向迈进了一大步。同时,丛书对民营经济发展中的制度与环境建设、产业整合、金融支持、行业协会、信用机制等问题进行了深入阐述,对民营企业发展趋势、竞争力培育、家族制治理模式演变、社会责任等问题进行了系统分析,并选择一批成功民营企业作为典型案例,从企业自主创新战略、品牌战略等诸多层面进行了案例研究。案例研究展示了中国优秀民营企业的发展思路、成长轨迹，为民营企业的可持续发展提供了宝贵经验和借鉴作用。丛书的出版得到了各方面的关心和帮助，尤其是新奥集团为丛书的调研和写作工作提供了大力的协助，对他们的热心支持我表示衷心感谢。

在世界经济日益全球化的大趋势下，民营经济发展是一个动态的开放体系。立足于国际视野来发展中国民营经济，必须要树立适应经济全球化、适应现代市场经济要求的创新理念，根据时代变化不断获得新的内涵、新的形态和新的动力。北京大学民营经济研究院以"研究民营经济发展和促进民营企业腾飞"为己任，始终关注着中国民营经济的前沿动态，秉承"独立的视角、前沿的理念、创新的思维"的宗旨，努力为民营经济的发展注入新思想和新智慧。我们相信，理论创新与民营经济的实践创新不断地融合，民营经济的发展必将拥有更加辉煌的未来！

厉以宁

2007 年 2 月

序

三十七年的改革开放，使得中国一跃成为世界第二大经济体，不日将赶超美国。这不仅对中国，甚至于世界而言，都是一件了不起的大事。回望三十七年走过的历程，中国在工业化、城镇化方面取得的成就同样令世界瞩目。

与工业化不同，在城镇化的认识上，社会各界的争论不曾休止。

譬如文学家、艺术家、民俗学家认为，城镇化过于功利和冰冷，缺少人文关怀和温情，并直接影响政策制定者把"要记得住乡愁"这样诗一般的话语写入党的会议公报。不可否认，这样的认识和提法在某种意义上是一种进步，是对以往大拆大建、圈地盖楼为标志的粗放，甚至粗暴的城镇化做法的纠偏。

而法律学者、政治学者则认为，城镇化乱象的背后是权力结构、考核方式、土地产权和户籍制度在做怪，而非城镇化本身。正如"菜刀在歹徒手中是凶器，在主妇手中是工具"，是一个道理。

经济学界在城镇化的认识上也存在着两种截然不同的观点：一种认为城镇化是工业化的必然产物，是人类经济发展、社会发展的必然进程；另一种观点则认为城镇化并不是被动的状态和结果，而是引领经济和社会发展的目标及过程。前者盖以欧美为坐标，后者或将东亚为参照。然而，不管持有哪种观点，大家对"深入研究城镇化的现象和规律，对中国城镇化的良性发展具有重要的现实意义和深远的历史意义"这一结论基本达成共识。

中国幅员辽阔，历史悠久，自然资源和人文禀赋千差万别，这就决定了中国的二元结构现象在诸多领域客观存在。当然，在城镇化发展方面也不例外。大都市和中小城市的城镇化必将出现发展方向的差异及不同道路的选择。特别是两亿左右农村贫困人口的存在，使得中小城市的城镇化需要承担起更多的社会责任。为此，就近、就地城镇化成为中国城镇化能否达到预期的决定性战役。

不仅如此，与大城市和超级都市区相比，中小城市、小城镇的发展在较低层面可以承接大城市的产业转移，发挥人力、土地等方面的成本优势，还可以吸收大量的农村剩余劳动力，实现农民就地、就近城镇化；在较高层面则可能形成引领区域发展的教育中心、科技中心和产业集聚中心，此现象在欧、美、日较为多见。

因此，中国政府历来重视中小城市、小城镇在经济、社会、文化发展中的地位和作用，并出台了一系列政策促进中小城市、小城镇的发展。

然而，当前学术界关于中小城市、小城镇发展的研究多停留在思辨层面，或者具有明显的地域局限性，无法深入、全面地捕捉中小城市城镇化发展的状态、趋势和规律。

综上所述，本书确立了以中小城市城镇化为研究方向，对城镇化发展成熟度和质量进行深入研究，同时对城镇化发展模式做初步探索。

对中小城市城镇化进行专门的课题研究，一方面可以在一定程度上填补现有研究领域的缺失；另一方面也可以为大都市城镇化提供借鉴。

希望本书能为城镇化研究者、城市管理者及政策制定者提供一个崭新的视角和新工具。

张维智
2015 年 5 月于北京大学

第 4 章 发展成熟度与质量研究 / 77

第1章

绪 论

1.1　城镇化研究背景

李克强总理在十二届全国人大二次会议上所做的政府工作报告中明确提出，城镇化是现代化的必由之路，是破除城乡二元结构的重要依托。要健全城乡发展一体化体制机制，坚持走以人为本、四化同步、优化布局、生态文明、传承文化的新型城镇化道路，遵循发展规律，积极稳妥推进，着力提升质量。今后一个时期，着重解决好现有'3个1亿人'问题：促进约1亿农业转移人口落户城镇；改造约1亿人居住的城镇棚户区和城中村；引导约1亿人在中西部地区就近城镇化。

厉以宁（2012）提出，中国的城镇化不应该"一刀切"，而要因地制宜发展就地城镇化。就地城镇化，走的是一条"新农村—新社区—新城镇"的道路，就是把农村的居民变成社区居民后，再进行城镇化改造，否则只谈让农民进城，即使解决了户口问题，农民在融入城区的过程中不适应，也会带来许多新的问题。

2005年以来，国家发展改革委先后公布了三批全国改革发展试点小城镇名单，共有645个试点小城镇优先发展。近日，国家发改委等11部委在系统内部联合印发了《国家新型城镇化综合试点方案》，提出将江苏、安徽两省和宁波等62个城市（镇）列为国家新型城镇化综合试点地区。

1.2　城镇化研究意义

1.2.1　中国的工业化进程和城镇化进程脱节

2013年，中国工业化率为43.9%，城镇化率为53.7%左右，城镇化率仍然低于工业化中后期应该具有的 60% 的均值。这意味着，中国的工业化还没有完成，仍处于工业化中后期阶段，中国依然是一个发展中国家。

表 1 – 1　　　　　工业化进程与城镇化率的经验数据　　　　单位:%

发展阶段	非农增加值比重	非农就业比重	城镇化率
工业化初期（起步）	65	20	10
工业化中期（工业化起飞）	80	50	30
工业化后期（基本实现工业化）	90	70	60
后工业化阶段（全面实现工业化）	95	90	80

资料来源：陈梅芬，《四川工业化进程预测》，四川省发展和改革委员会网站。

从国际上看，一国的城镇化率常常高于工业化率。城镇化率与工业化率的比值代表工业化对城镇化的提升能力。2013 年，中国的城镇化率与工业化率的比值是 1.22，远低于美国、法国、英国等发达国家超过 4.0 的比值，也低于"金砖五国"中的巴西（3.22）、俄罗斯（1.97）的比值，甚至低于 2010 年世界银行公布的全球平均比值（1.95）。这表明中国工业化对城镇化的提升尚未得到充分释放，工业化和城镇化也尚未达到协调发展，这是研究城镇化的第一个原因。

1.2.2　中国城镇化是 21 世纪中国乃至世界经济的驱动要素之一

目前，国内外普遍认为 21 世纪驱动世界经济增长的两大要素：一是美国的高科技；二是中国的城镇化。在这样的认识背景下，大力推动城镇化成为中国的必然选择。2013 年，中国的农村人口有 6 亿多，假设未来从事农业的人口控制在 1 亿~2 亿人之间，那么还有 4 亿多的农村劳动力需要转移到城镇。以每年 1 500 万农民进城计算，城镇化的进程将会持续 20~30 年。这意味着，中国找到了一个可以持续推动中国经济发展的动力，这是城镇化研究如此重要的第二个原因。

1.2.3 城镇化为国家发展战略，意义深远

新的领导集体已经把城镇化定义为国家发展战略。城镇化是中国经济发展的引擎，城镇化相关联的工业化、信息化以及新型农业现代化都是推动中国经济发展的动力。从这个层面上看，国家会坚定不移地推进城镇化。当然，中国未来的发展模式除了四化同步，还会实行自贸区战略。目前，自贸区已在上海试点，并推广到广州、天津、福建，未来重庆、浙江等也会积极跟进。自贸区实际上是开放，城镇化本质上则是改革。城镇化在自贸区战略的巨大影响下，很有可能会形成全新格局。可以预见，城镇化的实施必然带来中国发展模式，甚至是治理模式的转变。由此可见，城镇化是中国调整经济结构、全面深化改革的重要战略举措。

1.2.4 城镇化发展方向，意见还没有统一

改革开放以来，为促进经济增长，国家采取各种措施加快城镇化的发展进程。在城镇化发展模式上，大城市论、中小城市论、小城镇论、大城市与小城镇协调发展论等等争执不休。

改革开放之初，家庭联产承包责任制的实施释放了大量的农村劳动力，乡镇企业蓬勃兴起，城镇化进程不断加快。1984 年国务院颁布条例确定的"控制大城市规模，合理发展中等城市，积极发展小城市"方针，是中国第一次以行政法规形式确认的城市发展方针。同年，国务院开始放松城镇的户口迁移限制，允许农民进入小城镇

定居，这为小城镇的快速发展提供了政策指导及制度支持。这一时期，建制镇从 1978 年的 2 000 多个增加到 1992 年的 14 182 个，年均增长率高达 15%。

1992 年，邓小平"南方谈话"促进了中国全方位对外开放格局的启动。以开放促发展，大量劳动力纷纷涌向沿海城市，大中城市数量迅速增加。截至 2005 年，地级及以上城市数量增加到 286 个，市辖区人口超过 400 万的城市高达 13 个。

1994 年 9 月，国务院原则同意的《关于加强小城镇建设的若干意见》明确表示：要逐步加强小城镇建设，改善和强化小城镇的综合作用，发挥整体功能，增强其对周围地区的辐射力和吸引力。加强小城镇建设，有利于节约土地、节省投资、提高公共设施利用率；加强小城镇建设，便于信息传递、经济技术交流，有利于吸收资金、技术、人才，促进第二、第三产业发展和改善居住条件，更好地带动农村经济与各项事业的发展。这是我国第一个关于小城镇健康发展的指导性文件，标志着小城镇发展改革由此拉开了序幕。

1995 年，十部委联合出台的《小城镇综合改革试点指导意见》提出"决定选择一批小城镇，进行综合改革试点。"这是第一个从全方位改革政策入手，以小城镇为突破口，全面实行综合改革试点的指导性意见。改革内容涉及户籍管理制度、土地流转制度、行政管理体制、地方财税管理体系等方面。

1998 年，党的十五届三中全会通过的《中共中央关于农业和农村工作若干重大问题的决定》指出："发展小城镇，是带动农村经济和社会发展的一个大战略；要把引导小城镇的健康发展作为当前及今后较长时期农村改革与发展的一项重要任务。"总体来看，《意见》的出台，意味着中国新一轮城市化进程和小城镇健康发展的全新阶段的开始。

2000 年，中共中央、国务院下发《关于促进小城镇健康发展的若干意见》，明确提出"为鼓励农民进入小城镇，从 2000 年起，凡在县级市市区、县人民政府驻地镇及县以下小城镇有合法固定住所、稳定职业或生活来源的农民，均可根据本人意愿转为城镇户口，并在子女入学、参军、就业等方面享受与城镇居民同等待遇，不得实行歧视性政策。对在小城镇落户的农民，各地区、各部门不得收取城镇增容费或其他类似费用。对进镇落户的农民，可根据本人意愿，保留其承包土地的经营权，也允许依法有偿转让。"该文件的出台，意味着全国县级市及以下的城镇户籍管制基本放开，有些地方还将户籍改革延伸到中心城市。

2001 年，第九届全国人大第四次会议通过的中国国民经济和社会发展第十个五年计划纲要明确提出："推进城镇化要遵循客观规律，与经济发展水平和市场发育程度相适应，循序渐进，走符合我国国情、大中小城市和小城镇协调发展的多样化城镇化道路，逐步形成合理的城镇化体系，有重点地发展小城镇，积极发展中小城市，完善区域性中心城市功能，发挥大城市的辐射带动作用，引导城镇化密集区有序发展。"该文件的出台，意味着城市建设方针的转移，"由小城镇、大战略"转变为"大中城市、城市群"的发展。在这一政策指引下，大中城市数量快速增长，超大城市发展迅猛，长江三角洲、珠江三角洲、京津冀三大城市群逐渐形成。

2004 年，国家发展改革委办公厅下发《关于开展全国小城镇发展改革试点工作的通知》，明确表示"为深入贯彻落实党的十六大关于加快推进我国城镇化进程的战略要求，按照十六届三中全会提出的树立和落实科学发展观，统筹城乡经济社会发展的要求，指导小城镇健康发展，在原国务院体改办指导的小城镇综合改革试点工作基础上，我委将进一步开展全国小城镇发展改革试点工作。"该文件的出台，标志着"小城镇、大战略"的发展方针重新得到重视。

2005 年，国家发改委办公厅公布了第一批全国发展改革试点小城镇名单。按照"先试点，后推广"的发展思路，"成熟一批，发展一批"的原则，在 2008 年和 2012 年，国家发改委办公厅先后公布第二批、第三批发展改革试点小城镇名单，这意味着小城镇的发展正在有条不紊地推进。

回顾城镇化发展历程，不难发现城镇化的发展方针并不是一成不变的，大城市论、中小城市论、小城镇论、大城市与小城镇协调发展论等争执不下。据不完全统计，全国研究城镇化的学术机构有几十个，出版的城镇化著作上千部，公开发表的学术论文上万篇，此外，还有大量的有关城镇化的年鉴、报告、蓝皮书、白皮书等文献资料。不过，现有的文献大多从宏观层面研究中国城镇化的发展战略问题，或者研究大中城市城镇化发展的模式、路径，对中小城市、小城镇城镇化进行实证研究的较少；对城镇化速度、城镇化质量评价标准单独研究的居多，对城镇化发展成熟度与质量综合研究的较少。

正是基于中国城镇化发展的结构性因素、经济性因素、政策性因素和研究现状，我们决定以中小城市为研究对象，展开中国城镇化研究。

本书尝试构建中小城市城镇化发展成熟度和质量模型，并利用样本城镇的社会经济指标数据进行实证分析，努力填补这一领域中的研究空白。

1.3 本书的突破及创新点

当前关于中小城市、小城镇发展的研究多停留在思辨层面，或者具有明显的地域局限性，无法深入、全面地捕捉中小城市城镇化发展状态、趋势和规律。与现有研究成果相比，本书在四个方面取得了一些突破和创新。

1.3.1　就全国大范围的样本城镇进行实证分析，仍是有价值的基础性研究

本书尽最大努力收集到全国近百家第一批改革发展试点小城镇所属县市的经济和社会发展数据，并进行大量的整理、校验、分析工作，筛选了66个样本城镇的指标数据。尽管迫于数据来源和精准性的约束，不得不采取一些不情愿的调整，但就全国大范围内的样本城镇进行实证分析，仍是有必要、有价值的基础性研究。

1.3.2　提出城镇化发展模式的新观点及研究新思路

在城镇化发展模式定义上，学者尚未形成统一的共识，这种现象不利于对城镇化发展模式的深入研究。此外，当前文献更多从城镇化发展的结果或特征展开分析，对城镇化发展模式的本质、形成过程研究较少。本书认为，城镇化发展模式应该着重对要素的利用及其作用机制进行研究。为此，提出城镇化发展模式的新观点，即与城镇化发展相关的要素的组合、互动与利用的方式。在此基础上，确立了"恒星要素"与"行星要素"的概念和内涵，并初步探讨了城镇化发展模式研究的新思路。城镇化发展模式新观点及其研究新思路的提出，也为我们下一个课题"城镇化发展模式与驱动力研究"做好铺垫。

1.3.3　从"先天存在"和"后天建设"两个维度，客观辩证地认识城镇化发展

城镇化是个庞大的系统工程，涉及诸多学科领域，如果单纯从

某一学科入手研究，总有仁者见仁，智者见智和盲人摸象的局限感。在充分借鉴地理经济学、制度经济学等学科理论基础上，本书从先天存在（城镇化启动前客观存在的自然资源、地理区位、人文资源、基础设施 I ）与后天建设（城镇化启动后建设或制定的基础设施 II 、政策及策略）两个维度出发，对八大经济区进行横向比较，提出本书的一些观点。例如，在城镇化与自然资源小节上，本书结合"黑河—腾冲"分界线相关理论，预测未来城镇化进程中，人口会不断东迁，单位土地资源承载能力尚有较大提升空间；在城镇化与政策及策略小节，本书认为当前国家为了平衡各大经济区的发展，常常先后出台性质相近的政策，从而导致原先政策效应的抹平或减弱。因此，地方政府仍然需要制定针对性的政策和策略，抢先抓早，促进当地城镇化的发展。

1.3.4　构建发展成熟度与质量模型，提供城镇化研究和政策制定的新工具

城镇化发展成熟度与质量模型（M-Q 模型），是本书的主要创新点。目前对城镇化发展水平和城镇化发展质量的评价稍显孤立、单薄。本书认为，城镇化发展成熟度和城镇化发展质量是一枚硬币的两面，应该放在二维的空间统筹考虑。发展成熟度是一个地区或城市经济与福利分配的综合水平表现，成熟度等级取决于两者中的"短板"；而城镇化发展质量，是经济发展与福利分配的均衡协调程度。理论上，应该存在一个经济发展与福利分配均衡协调的"区间域"，落在该区间域内的城镇化发展质量是健康的、良性的，而落在区间域外的城镇化，要么经济超前发展、要么福利过度分配，这两者的状态都是不可持续的。

本书创新性地构建了城镇化发展成熟度与质量模型（M-Q 模

型），探讨了城镇化发展成熟度的划分方法，并界定了城镇化发展"质量基准区间带"及"质量 EW 标点"，并给出质量偏离程度的计算方法。在此基础上，本书将模型运用于八大经济区的 23 个样本城镇，实证分析了每个样本城镇的发展成熟度和质量状态。同时，通过样本城镇的分布图，纵览全局，总结中国城镇化发展质量倾向（E 倾向或 W 倾向）规律，并计算所有 E 状态城市和 W 状态城市的质量偏离程度。未来，通过定期公布中小城市城镇化质量倾向系数、E 状态城市福利向好速率、W 状态城市经济向好速率、城镇化质量偏离指数、发展成熟度五星指数等指标，可以动态地掌握城镇化发展的变动趋势。

1.4　城镇化理论基础

城镇化是一个系统的工程，涉及发展经济学、产业经济学、地理经济学和城市经济学等方面的理论。

以阿瑟·刘易斯为代表的发展经济学认为，发展中国家存在着二元经济结构，即城市的现代工业部门与农村的传统农业部门并存，这无疑是一种相对落后的国民经济结构。推进工业化、城镇化的结果就是要改变这种经济结构，使得异质的二元结构转换为同质的一元结构。李克强在《论我国的三元结构》中认为，中国的农村工业部门既有推行工业化的特征，又不具备已经现代化的条件，因此可以把农村工业部门看成近代工业部门。这样，中国国民经济的总体结构就呈现出传统农业部门、近代工业部门和现代工业部门三种结构并存的局面。基于主要依靠在农村就地转移劳动力、推动农村城市化的给定条件，农民要大规模地直接参与工业化进程，只能通过农村工业部门来实现，只能走农业部门农村工业部门—城市工业部门的转移路线。因此，走三元化道路就成为中国国民经济结构转换的唯一选择。中小城市城镇化本质上还是遵循李克强总理提出的三元化道路，通过重点发展试点小城镇、试点县市，不断将农村剩余劳动力转到非农产业，进而推进城镇化的进程。

产业结构演变理论认为，一国经济发展的过程也是产业结构转变的过程，具体表现为三次产业结构（劳动力、产值）从"一、二、三"向"三、二、一"转变的趋势。即：从劳动力变化趋势看，随着国民经济的发展，人均收入水平的提高，劳动力首先从第一产业转移到第二产业，当人均国民收入水平进一步提高时，劳动力逐步向第三产业转移；从产值结构看，随着国民经济的发展，第一产业的产值占比不断下降，第二产业的产值占比先上升后下降，第三产业的产值占比持续上升。对一个国家而言，产业结构演变理论无疑是适用的，但是对小城镇而言，仅仅从三次产业结构比例来看，并不能完全反映出该城镇产业结构的合理情况。考虑到城市空间布局、错位发展的实际情况，同一地区相邻的两个城镇，一个可能重点发展工业，第二产业比例很高；一个可能重点发展服务业，第三产业比例很高。我们不能简单下定论，第三产业占比高的城镇产业结构就更合理。因此，我们放弃用"三次产业结构占比"去判断一个城镇的产业结构是否合理的做法，而采取非农产业占比（二、三产业产值或劳动力占比之和）作为产业结构合理性的评价指标。

美国地理学家提出了城市发展的三阶段规律，即 S 形曲线。第一阶段是城市化的初期阶段，城市化水平（城市人口占总人口比重）低于30%，对应于工业化初期阶段；第二阶段是城市化的中期阶段，城市化水平为30%~70%，也称城市化加速发展阶段，对应于工业化中期阶段；第三阶段是城市化的后期阶段，城市化水平大于70%，也是城市化的成熟稳定阶段，对应于工业化的后期阶段。但由于城市化发展的三阶段论仅仅以城镇人口占比来划分城市化进程，并没有体现出

"经济"这一城市化的推动力，也没有与经济发展的四阶段论一一对应，更没有反映城市化水平达到50%这一重要转折点。因此，后人在此基础上进行了完善，提出了城市化的四阶段论。第一阶段为城市化的初期阶段，对应于工业化初期阶段和经济增长的起步阶段，为低速城市化阶段。此阶段城市化水平一般不超过1%～30%，农业人口和农业经济占绝对主导地位，工业化率低于30%，工业化是城市化的主要推动力。第二阶段是城市化的中期阶段，对应于工业化中期阶段和经济增长的成长阶段，城镇化水平开始迅速提高并可达到30%～60%，城市人口和工业经济逐步占主导地位。此阶段工业化仍是主要推动力，第三产业发展同时成为城市化的又一推动力。第三阶段是城市化的后期阶段，对应于工业化后期阶段和经济增长的成熟阶段，为减速城市化阶段。城市化水平继续提高，可达到60%～80%，但城市化年均增长率开始减慢，第一产业比重下降，第三产业比重上升并成为城市化的最主要推动力。第四阶段是城市化的终期阶段，对应于后工业化阶段和经济增长的顶级阶段，为极慢或零速城市化阶段。城市化水平提高至极限值，可达到80%～100%，城市人口的增长越来越慢，甚至停滞不前，并出现郊区化和逆城市化现象，第三产业成为城市化最主要的推动力。本书认为，城市化的阶段论划分标准主要针对大城市或超大都市区，并不能很好地满足中国中小城市或小城市的实际情况。因此，本书通过构建城镇化发展成熟度与质量模型，从二维空间看待一个地区或城市的发展成熟度及其质量，并将模型应用于实践，努力填补发展成熟度与质量领域的研究空白。

1.5　本书的结构安排

本书共分为六章。

第1章：绪论。简单概述城镇化的研究背景及研究意义、本书的突破及创新点以及本书结构安排。

第 2 章：国内外文献综述。重点概述国内外学者在城镇化的定义、城镇化发展模式、发展成熟度、质量评价方面的研究成果，并分析比较本书与它们的异同点。

第 3 章：八大经济区及其样本城镇发展现状。对八大经济区及其样本城镇的发展现状进行总体描述和比较，并对同一经济大区下样本城镇的发展变化进行横向比较。

第 4 章：发展成熟度与质量研究。构建发展成熟度与质量模型（M‒Q 模型），并将模型运用于八大经济区的 23 个样本城镇中，划分其发展成熟度等级，并评价其城镇化发展质量状况。在此基础上，总结中国现阶段城镇化的规律、趋势，并提出指标公布的设想。

第 5 章：城镇化发展模式初探。本书提出城镇化发展模式的新观点，并按照"要素相近"的原则进行归类研究，从先天存在和后天建设两个维度对八大经济区进行横向比较，并发表本书的一些观点。在此基础上，确立了"恒星要素"和"行星要素"的概念和内涵，从要素的组合、互动与利用角度出发，提出城镇化发展模式研究的新思路，为下一个课题"城镇化发展模式与驱动力研究"埋下伏笔。

第 6 章：统计数据上的建议。简单概述数据收集过程中遇到的疑点、难点以及解决的方法、建议。

第 2 章

国内外文献综述

2.1　城镇化的定义

据记载，社会学家费孝通先生是中国小城镇城镇化研究的先行者。费孝通（1984）认为，小城镇是比农村更高一层的社会实体，是介于城市和农村的人口聚集地，是农村趋于城市的过渡阶段。姜爱林（2001）认为，城镇化是以农村人口不断向城镇迁移和集中为特征的一种历史过程，包括人口城镇化和地域城镇化两个方面，即一方面表现在人的地理位置的转移和职业的转变以及由此引起的生产与生活方式的演变；另一方面则表现为城镇人口和城镇数量的增加及城镇经济社会化、现代化和集约化程度的提高。王梦奎（2004）认为，城镇化是农村人口向城镇转移、集中，以及由此引起的产业—就业结构非农化重组的一系列制度变迁的过程。在这个过程中，农业人口比重下降，工业、服务业人口比重上升，人口和产业向城市集聚，生产方式、交换方式向规模化、集约化、市场化发展，生活方式向多元化、社会化发展。国家发改委城市和小城镇改革发展中心主任李铁（2013）认为，城镇化是农村人口逐渐向城镇转变的过程，是城镇基础设施和社会公共服务覆盖更多农村地区及人口的过程，是依托产业融合推动城乡一体化的进程。厉以宁（2013）认为，符合中国国情的城镇化等于"老城区 + 新城区 + 农村新社区"，他强调城镇化不仅是"物"的城镇化，更是"人"的城镇化，要以提高生活质量为主，注重城镇化背后的户籍制度、社会保障制度、土地流转制度等一系列深层次经济体制改革问题。

本书赞同厉以宁教授对城镇化内涵的理解，并认为以城镇化率（城镇人口/总人口）单一指标衡量城镇化水平无法满足城镇化内涵式发展的需要，应该从经济发展与福利分配的均衡思想出发，来评价一个地区或城市的城镇化发展成熟度和质量。

2.2　城镇化发展模式与发展成熟度

目前，大多数文献集中在城镇化发展道路和城镇化发展模式上，对城镇化发展成熟度的研究寥寥无几。不仅如此，在城镇化发展模式界定上角度不一。当前文献主要从主导产业、经济发展的组织方式、要素结构性利用特点、人口转移方向、政府导向方面展开分析。

其中，按照主导产业划分，将发展模式划分为农业主导型、工业主导型、第三产业（服务业）主导型三种。农业主导型强调农业在城镇经济中的基础性作用，如魏秀芬、于战平（2005）提出的农业产业化带动模式；赵伟（2007）提出的农业驱动型县域经济。工业主导型则强调"工业立市、工业强市"的发展战略，如赵伟（2007）提出的第二产业产值及就业比重都占主导地位，并可细分为大城市依托型工业化、内生型工业化及开放型工业化。第三产业（服务业）主导型，邹进泰、彭先镇（2005）指的是依靠第三产业（服务业）带动经济发展的模式，可以细分为批发市场带动模式和旅游业带动模式。

按照经济发展的组织方式，将发展模式划分为集体经济主导型、民营经济主导型、外资经济主导型。许兴亚等（2008）认为，河南省的巩义市竹林镇等是集体经济的代表，通过大力发展集体经济，实现农业的产业化、规模化经营，实现农民的共同富裕，带动地方经济的发展。阎中洋（2004）认为，民营经济主导型指的是民营经济占重要地位，通过发展个体私营经济带动县域经济全面进步的发展模式，"温州模式"和"苏南模式"是民营经济主导型的典型代表。储东涛（2010）提出外资主导型，主要是依托"三资"企业的发展带动县域经济社会全面进步，积极参与国际经济贸易与合作，发挥本县经济的比较优势。典型代表有江苏的"昆山模式"、广东的"顺德模式"以及福建的"晋江模式"。

按照要素结构性利用特点，将发展模式划分为资源禀赋驱动型、劳务经济型等。王平等（2006）提出资源禀赋驱动型，指的是通过开发本地优势资源，如生物资源、能源和矿产资源带动城镇经济全面发展的模式。自然资源导向型是资源禀赋驱动型的典型代表，如以矿产资源开发为主的山西晋城、河北灵寿县、广西南丹县等。廖元和（2011）认为劳务经济驱动型模式是利用人力资源提供劳务服务带动城镇经济发展的模式，如重庆垫江通过主动承接发达地区的企业外包业务，开创了农村剩余劳动力转移离土不离乡的全新劳务经济发展模式。

按照人口转移方向划分，将城镇化发展模式划分为就地城镇化和异地城镇化。崔曙平和赵青宇（2013）认为，异地城镇化是农村劳动力流向外地，促进外地城镇化的形式，而就地城镇化则是农村人口离地不离乡的就地就近城镇化。

按照城镇化进程中政府的作用、城镇化中的城乡关系，李萌（2012）认为可以将发展模式划分为以美国为代表的自由式城镇化模式、以西欧为代表的政府调控下的市场主导型城镇化模式、以拉美和非洲部分国家为代表的过度城市化的城镇化模式、以日韩为代表的政府主导型空间聚集城镇化模式及城乡一体化模式等。

由此可见，学者对城镇化发展模式的界定尚未达成统一共识，这种现象不利于对城镇化的深入研究。当前文献更多从城镇化发展的结果或特征展开划分，对城镇化发展模式的本质、形成过程研究较少。本书认为，城镇化发展模式应着重对要素的利用及其作用机制进行研究。为此，本书提出城镇化发展模式的新观点：与城镇化发展相关的要素的组合、互动与利用的方式。

　　此外，目前还没有专门的文献研究城镇化发展成熟度，与之比较接近的是智慧城市的成熟度评价与研究。张梅燕（2012）从成熟度的角度对智慧城市的建设提出了体系建立原则，但深入的研究有待开展。王璐（2013）对智慧城市成熟度的界定包括智慧城市的内容及其建设程度，是对城市智慧发展所达阶段的综合考量。除此之外，与成熟度有一些关联的是城镇化发展速度与质量研究。孔凡文、许世卫（2006）从城镇化率、城镇数量变化、城镇化发展速度与工业化发展速度比较三方面简单分析了中国城镇化的速度变化；从经济发展、社会发展、基础设施建设、生活方式、人居环境分别评价了城镇化发展质量的情况。

　　总而言之，当前文献对城镇化发展成熟度与质量的研究稍显孤立、单薄。鉴于当前的研究现状，本书尝试构建一个城镇化发展成熟度与质量模型（M－Q 模型），用以衡量全体、局部或单体城镇的发展成熟度，并评价其城镇化发展质量状态。在此基础上，总结城镇化发展质量规律，并预测未来城镇化发展趋势，希望为政策制定者和城市管理者的城镇化决策提供参考依据。

2.3　城镇化发展质量评价

　　目前，学者对城镇化发展质量，已经做了大量的研究工作。

2.3.1　城镇化发展质量的定义

　　当前学者主要从城镇化的空间载体、构成要素、特征、本质内涵等方面界定城镇化发展质量。

　　从城镇化的空间载体看，叶裕民（2001）将城镇化发展质量定义为城市现代化和城乡一体化；郑亚平（2006）将城镇化发展质量定义为城市在城镇体系中的吸引力和网络张力；余晖（2010）将城市化质量定义为，城市化进程中，城市化率与城市各要素——经济发展质量、城市功能发展质量、社会协调发展质量的协调发展问题。

从城镇化的构成要素看，刘素冬（2006）将城市化质量的具体内涵定义为，城市化水平和城市水平同时提高，城市中的要素协调发展、城乡结合的质量。孙长青和田园（2013）认为，城镇化发展质量可以细分为人口城镇化发展质量、经济城镇化发展质量、社会城镇化发展质量和空间城镇化发展质量。其中，人口城镇化发展质量以外来农民工的市民化、城市郊区农民的市民化以及原住市民的再市民化能够低成本、高效有序地推进，城乡人口实现均衡发展为特征；经济城镇化发展质量以城乡产业结构和布局不断优化、经济集聚高效发展、低碳绿色发展为表征；社会城镇化发展质量以就业、医疗、养老、住房等有保障，基本公共服务健全及社会和谐为表征；空间城镇化发展质量以生产空间集约高效、生活空间宜居适度、生态空间山清水秀为表征。

从城镇化的特征看，牛文元（2003）认为城镇化发展质量应该包括动力、公平、协调度三个特征。其中，动力是指城市的发展水平、竞争能力、创新能力以及可持续性；公平指的是城市的共同富裕程度以及对于城乡贫富差距的克服程度；协调度是指城市的文明程度、居民的生活质量、城市的生态环境以及对于理性需求的相对满足程度。

从城镇化的本质内涵看，周丽萍（2011）从人口城镇化角度，强调城镇化过程中人口数量的适度性、不同阶层的包容性和人口迁移的稳定性。李明秋（2011）认为，城镇化发展质量的内涵应包括城市自身的发展质量、城市化推进的效率、实现城乡一体化的程度。陈明（2012）认为，城镇化的内涵应包括城乡统筹协调发展、城镇

综合承载能力不断提高、城镇化推进效率持续改善、城镇化推进机
制不断改善。孙长青和田园（2013）认为，城镇化发展质量是与城
镇化数量相对应，反映城镇化优劣程度的一个综合性概念。在城镇
化进程中，城镇化数量体现在城镇数量、城镇规模、城镇化速度、
人口城镇化率等方面；而城镇化发展质量反映的是既定城镇化数量
下满足城乡居民生产、生活和生态需求的优劣程度。

　　本书主要结合城镇化的构成要素及城镇化的本质内涵对城镇化
发展质量进行界定。城镇化发展质量描述的是城市化进程中经济发
展与福利分配的均衡协调发展程度。

2.3.2　城镇化发展质量评价指标

　　陈鸿彬（2003）构建了涉及社会经济诸多因素的多层次复合型
指标体系来评价城镇化发展质量。袁晓玲（2008）利用物质文明、
精神文明、生态文明等指标，通过聚类分析、相关分析、因子分析
等统计方法，对陕西省各个市的城市化质量进行了研究。王家庭
（2009）构建了以经济指标、社会指标、环境指标、城镇化水平为主
的城市化质量评测体系，运用主成分分析法确定各项指标的权重，
进而对中国 30 多个大中型城市的城市化质量进行了测度与分析。郝
华勇（2012）从经济绩效、社会发展、居民生活、生态环境、基础
设施、空间集约、城乡统筹七个方面对中国东部十省的城镇化发展
质量做出了差异化评价。张春梅（2012）从经济竞争度、民生幸福
度、城乡统筹度、持续发展度四个方面构建了一套包含 21 个指标的
城镇化发展质量评价体系，并对江苏省的地级及以上城市进行了质
量测度。陈明、张云峰（2013）通过结合国际通用的城镇化指标评
价体系，采用人文发展指数对中国各省、各市的城镇化发展质量进
行了评价分析。郭叶波（2013）从城市发展质量、城市化推进效率、

城乡协调程度三个方面构建了一套可适用于省域、地级及以上城市的城镇化发展质量评价指标体系。孙长青和田园（2013）从经济学角度，以收益最大化、资源优化配置与创新驱动理论为基础，对新型城镇化进行了新的定义，认为其内涵有别于传统城镇化，故其评价的侧重也会发生变化。评价新型城镇化应重点关注以下三个方面：第一，新型城镇化是人的城镇化，农民有序转移至城镇并且市民化是提升城镇化水平的核心，因此，评价城镇化发展要着重考虑人口的有序转移；第二，传统城镇化是土地的城镇化，这种粗放型发展会造成用地矛盾和粮食安全问题，故土地的集约利用是新型城镇化考察的重点；第三，新型城镇化评价侧重反映城镇化的质量而非停留在"面子工程"层面，要着重关注弱势群体并致力改善其生活状况，强调工业化和农业现代化的协调发展等。

对城镇化发展质量评价体系的文献进行分析，可以发现几个有趣的事实。一是城镇化的质量评价基本覆盖经济发展、社会发展、城乡统筹、生活方式、生态文明等内容，城镇化评价指标内容相对齐全，大小种类略有差异。二是城镇化发展质量评价指标体系多运用于所选取的省或较大城市，针对中小城市或小城镇的较少。目前，针对中小城市或小城镇的城镇化发展质量评价主要有"百强县评价"指标体系。三是城镇化发展质量评价大多统一而完整，对数据缺失的小城镇缺少针对性的指导意义。

基于现有城镇化发展质量研究的观点及成果，本书另辟蹊径，从城镇化发展成熟度与质量模型中提炼出"质量基准区间带"，并给出质量偏离的计算方法。根据"质量 EW 标点"，可以精准评价某个城镇的城镇化发展质量状况并计算其与理想路线的偏离程度。需要强调的是，本书认为，发展成熟度高的城镇并不意味着城镇化发展质量就优良；相反，城镇化发展质量优良的城镇，发展成熟度可能较低。城镇化发展质量的优劣在于经济发展与福利分配的均衡协调程度，两者协调度越好，城镇化发展质量越佳；反之，两者越失衡，城镇化发展质量越差。对于经济超前发展的城镇，未来应重点加强民生建设的投入；对于福利分配过度的城镇，则要加快推进经济的发展。

第 3 章

八大经济区及其样本城镇
发展现状

本章主要介绍了样本城镇的选取及数据使用情况，并阐述了八大经济区及其样本城镇的发展现状。

首先，从宏观上对八大经济区的发展现状进行总体描述和比较。之所以按照八大经济区进行归类分析，首先是因为我们相信地理学家、环境史学家的"第一天性"理论在城镇化研究中具有指导意义，同时也支持并采用国务院发展研究中心以九大划分原则为依据提出的"将中国划分为八大经济区"的划分结果。为此，使得我们能够分别在"第一天性"不同的八大区域和"第一天性"相当的同区域内的城市间，进行必不可少的比较分析并提供抽样的依据。

从城镇化率（城镇人口/常住人口）来看，2012 年，东北地区、北部沿海、东部沿海和南部沿海高于全国平均水平，黄河中游、长江中游、西南地区、大西北地区低于全国水平；从地区生产总值和人均 GDP 看，东部沿海、北部沿海、南部沿海排名靠前，大西北地区排名最后；从非农产业占比看，北部沿海、东部沿海、南部沿海、黄河中游地区都在 90% 以上，高于全国平均水平；从地方财政收入看，北部沿海、东部沿海、南部沿海、西南地区高于全国平均水平，其余大区低于全国平均水平；从每单位固定资产投资创造的地区生产总值看，南部沿海、东部沿海、北部沿海地区投资效率较高，高于全国平均水平；从人均地方财政公共预算内支出看，东北地区、北部沿海、东部沿海、南部沿海高于全国平均水平；从城镇居民购买能力和社会消费品零售总额看，东部沿海、北部沿海、南部沿海名列前三，高于全国平均水平。

其次，对每个经济区下样本城镇的平均概况进行简单分析和比较。从经济规模来看，东部沿海、北部沿海、东北地区的样本城镇高于平均值；从常住人口人均 GDP 看，大西北地区、东部沿海、北部沿海、东部地区的样本城镇名列前茅；从全社会固定资产投资总额看，东部沿海、大西北地区、东北地区、北部沿海地区的样本城镇投资力度较大；从社会消费品零售总额看，东部沿海、北部沿海的样本城镇市场规模高于其余大区的样本城镇；从财政收入看，东部沿海的样本城镇财政收入最高，是样本城镇平均值的 3 倍；从城镇居民人均可支配收入看，东部沿海的样本城镇高于全国平均水平，其余大区样本城镇均低于全国平均水平。

最后，我们对 2005～2012 年每个经济大区下样本城镇的发展变化进行了详细比较，有助于总结每个经济大区城镇化发展的变化规律。

3.1 样本数据说明

2005 年，国家发改委办公厅决定将北京市昌平区北七家镇等 116 个镇列为第一批全国发展改革试点小城镇（见表 3-1），并要求

表 3-1　　　　第一批全国发展改革试点小城镇名单

直辖市/省	市/县/区	镇	直辖市/省	市/县/区	镇
北京	昌平区	北七家镇	吉林	榆树市	五棵树镇
		小汤山镇		九台市	卡伦镇
	大兴区	西红门镇		梅河口市	山城镇
	怀柔区	北房镇		珲春市	英安镇
	顺义区	沙峪镇		抚松县	松江河镇
天津	大港区	中塘镇		辉南县	辉南镇
	西青区	张家窝镇		大安市	安广镇
河北	高碑店市	白沟镇		安图县	二道白河镇
	雄县	昝岗镇	黑龙江	哈尔滨市呼兰区	康金镇
	清河县	王官庄镇		牡丹江市阳明区	桦林镇
	沧县	旧州镇	广西	荔浦县	荔城镇
	玉田县	鸦鸿桥镇		东兴市	江平镇

续表

市/省	市/县/区	镇	市/省	市/县/区	镇
陕西	临潼区	新丰街道办事处	浙江	富阳市	新登镇
	岐山县	蔡家坡镇		建德市	乾潭镇
	华阴市	华西镇		苍南县	龙港镇
	延川县	永坪镇		安吉县	孝丰镇
	长安区	郭杜镇		海宁市	周王庙镇
内蒙古	达尔罕茂明安联合旗	百灵庙镇		平阳县	鳌江镇
	宁城县	热水镇		温岭市	大溪镇
	鄂伦春自治旗	大杨树镇		舟山市定海区	白泉镇
江西	进贤县	李渡镇		余姚市	泗门镇（宁波市）
	新余市渝水区	罗坊镇		慈溪市	周巷镇（宁波市）
山东	荣成市	石岛镇		奉化市	溪口镇（宁波市）
	垦利县	胜坨镇	宁夏	石嘴山市惠农区	红果子镇
	栖霞市	桃村镇		灵武市	磁窑堡镇
	宁阳县	葛石镇	青海	平安县	平安镇
	淄博市周村区	王村镇	重庆	大足县	龙水镇
	胶州市	李哥庄镇		九龙坡区	西彭镇
河南	巩义市	竹林镇	四川	江油市	武都镇
	新郑市	薛店镇		犍为县	玉津镇
	辉县市	孟庄镇		会理县	城关镇
	固始县	史河湾发展改革试验区		富顺县	富世镇
	商水县	谭庄镇	贵州	仁怀市	茅台镇
	长垣县	魏庄镇		盘县	红果镇
	鹿邑县	玄武镇	甘肃	武威市	武南镇
新疆	昌吉市	六工镇		天水市	洛门镇
	石河子市	北泉镇		酒泉市	西洞镇

续表

省份	市/县/区	镇	省份	市/县/区	镇
江苏	通州市	二甲镇	辽宁	辽中县	茨榆坨镇
	兴化市	戴南镇		海城市	南台镇
	东海县	白塔埠镇		灯塔市	佟二堡
	常州市武进区	横山桥镇		北镇市	沟帮子镇
	邳州市	官湖镇		普兰店市	皮口镇（大连市）
山西	平遥县	古陶镇		金州区	三十里堡镇（大连市）
	宁武县	凤凰镇	广东	中山市	小榄镇
	洪洞县	大槐树镇		佛山市顺德区	北滘镇
	潞城市	店上镇		阳西县	沙扒镇
安徽	六安市	叶集发展改革试验区		佛山市南海区	里水镇
	肥东县	撮镇镇		江门市新会区	司前镇
	黟县	宏村镇	云南	玉溪市红塔区	北城镇
	淮南市	毛集发展改革试验区		个旧市	大屯镇
福建	福鼎市	秦屿镇		腾冲县	固东镇
	尤溪县	梅仙镇		永德县	永康镇
	厦门市同安区	汀溪镇		玉龙县	黄山镇
湖南	临湘市	羊楼司镇	湖北	黄陂区	滠口镇
	冷水江市	禾青镇		应城市	长江埠镇
	浏阳市	大瑶镇		罗田县	三里畈镇
	双峰县	三塘铺镇		大冶市	陈贵镇
西藏	乃东县	昌珠镇		松滋市	洈水镇

资料来源：国家发展改革委。

第一批试点的小城镇在当地上级党委政府和有关部门的支持下，按照"三个代表"重要思想和科学发展观要求，切实转变政府管理职能，推进制度创新，根据本地的实际情况，合理分配公共资源，为促进经济和社会协调发展、加快农村劳动力转移、推进适合我国国情的城镇化进程，以及为小城镇的健康发展提供示范。按照试点小城镇成熟一批、确定一批的原则，国家发改委办公厅先后又公布了第二批、第三批全国发展改革试点小城镇名单。

目前的情况是，大多数统计数据针对县级及以上单位，小城镇发展数据严重缺失。除了部分实验区如毛集、叶集有自身的统计机构及统计数据外，其他小城镇几乎没有能够用以分析的数据。这也是当前大多数文献停留于宏观层面的理论探讨，未能提供更多实证支持的原因所在。

迫于数据来源和精准性的约束，本书不得不采取一些并不情愿的调整，最终将研究对象确定为全国发展改革试点小城镇所属的县（市、区）。同时，鉴于市辖区为城市主体的一部分，人口密度大，居民以城镇人口为主，文化经济较为发达，与县级行政区域的发展情况有较大的差异，因此市辖区暂不纳入本次研究范围。在剔除市辖区后，第一批全国改革发展试点小城镇对应的县（市）（见表3－2）。

表3－2　　　　第一批全国改革发展试点小城镇对应的县（市）

省份	试点小城镇对应的县/县级市	数量
河北	高碑店市、雄县、清河县、沧县、玉田县	5
山西	平遥县、宁武县、洪洞县、潞城市	4
内蒙古	宁城县	1
辽宁	辽中县、海城市、灯塔市、普兰店市	4
吉林	榆树市、九台市、梅河口市、珲春市、抚松县、辉南县、大安市、安图县	8

续表

省份	试点小城镇对应的县/县级市	数量
江苏	邳州市、兴化市、东海县	3
浙江	富阳市、建德市、苍南县、安吉县、海宁市、平阳县、温岭市、余姚市、慈溪市、奉化市	10
安徽	肥东县、黟县	2
福建	福鼎市、尤溪县	2
江西	进贤县	1
山东	荣成市、垦利县、栖霞市、宁阳县、胶州市	5
河南	巩义市、新郑市、辉县市、固始县、商水县、长垣县、鹿邑县	7
湖北	大冶市、松滋市、应城市、罗田县	4
湖南	临湘市、冷水江市、浏阳市、双峰县	4
广东	阳西县	1
广西	荔浦县	1
四川	江油市、犍为县、会理县、富顺县	4
贵州	仁怀市、盘县	2
云南	个旧市、腾冲县、永德县、玉龙县	4
陕西	岐山县、华阴市、延川县	3
青海	平安县	1
宁夏	灵武市	1
新疆	石河子市、昌吉市	2
合计		79

资料来源：笔者加工整理。

　　试点小城镇的发展跟当地自然资源禀赋、地理区位、人文资源有很大的关系，按照"区域毗邻、要素相近"的原则，我们以八大经济区的划分为依据，展开分析。从表 3-3 中可以发现，除南部沿海、大西北地区的试点小城镇分布较少外，其余六大经济区试点小城镇的数量大致相当。

表 3 - 3　　　　八大经济区与试点小城镇对应的县（市）数目

八大经济区	所含省市区	试点小城镇对应的县（市）数目	占比（%）
东北地区	辽宁、吉林、黑龙江	12	15.2
北部沿海	北京、天津、河北、山东	10	12.7
东部沿海	上海、江苏、浙江	13	16.5
南部沿海	广东、福建、海南	3	3.8
黄河中游	内蒙古、陕西、山西、河南	15	18.9
长江中游	湖北、湖南、江西、安徽	11	13.9
西南地区	重庆、四川、贵州、云南、广西	11	13.9
大西北	甘肃、宁夏、青海、新疆、西藏	4	5.1
总计		79	100.00

注：2003 年 2 月，国务院发展研究中心在充分借鉴吸收过去经验的基础上，根据九大原则把中国大陆划分为八大区域。这九大原则包括：（1）空间上相互毗邻；（2）自然条件、资源禀赋结构相近；（3）经济发展水平接近；（4）经济上相互联系密切或面临相似的发展问题；（5）社会结构相仿；（6）区块规模适度；（7）适当考虑历史延续性；（8）保持行政区划的完整性；（9）便于进行区域研究和区域政策分析。

资料来源：笔者加工整理。

本书对研究的所有样本城镇进行数据收集、整理后发现，66 个样本城镇的数据相对完整，基本满足我们的研究要求，而其他 13 个样本城镇的指标数据有所欠缺，不能很好地满足研究分析需要（见表 3 - 4）。在 66 个样本城镇中，九台市、黟县、宁城县、荣成市、胶州市部分指标连续性不强，在一定程度上影响了指标的完整运用。

表 3 - 4　　　　　　数据收集情况一览

八大经济区	省份	收集到数据的县市	缺失数据的县市
东北地区	辽宁	辽中县	海城市、灯塔市、普兰店市
	吉林	榆树市、抚松县、珲春市、九台市	梅河口市、辉南县、大安市、安图县

续表

八大经济区	省份	收集到数据的县市	缺失数据的县市
北部沿海	河北	高碑店市、雄县、清河县、沧县、玉田县	
	山东	荣成市、栖霞市、胶州市	垦利县、宁阳县
东部沿海	江苏	邳州市、兴化市、东海县	
	浙江	富阳市、建德市、苍南县、安吉县、海宁市、平阳县、温岭市、余姚市、慈溪市、奉化市	
南部沿海	福建	福鼎市、尤溪县	
	广东	阳西县	
黄河中游	内蒙古	宁城县	
	陕西	岐山县、华阴市、延川县	
	山西	平遥县、宁武县、洪洞县、潞城市	
	河南	巩义市、新郑市、辉县市、固始县、商水县、长垣县、鹿邑县	
长江中游	湖北	大冶市、松滋市、应城市、罗田县	
	湖南	临湘市、冷水江市、浏阳市、双峰县	
	江西		进贤县
	安徽	黟县	肥东县
西南地区	四川	江油市、犍为县、会理县、富顺县	
	云南	个旧市、腾冲县、永德县、玉龙县	
	贵州	仁怀市、盘县	
	广西	荔浦县	
大西北	宁夏	灵武市	
	青海		平安县
	新疆	昌吉市	石河子市
总计		**66 个**	**13 个**

资料来源：笔者加工整理。

此外，在已收集到数据的县（市）中，大部分数据来源于其所在省或市的统计年鉴，少部分县市（黟县、珲春市、抚松县、昌吉市、灵武市）的数据来源于国民经济和社会发展统计公报。此外，经济发展指标大多来源于统计年鉴或统计公报，社会发展、生态资源等指标数据部分来源于政府部门对外公开的宣传资料。

在本章，我们使用了 66 个县市的社会经济指标进行分析；而在第 6 章"发展成熟度与质量研究"中，由于很多县市社会发展、生态资源等指标数据缺失，最终仅将模型应用到八大经济区中的 23 个样本城镇。未来随着数据的丰富、完善，我们将持续扩容至 100 个样本城市（镇）。

3.2　八大经济区发展现状比较

从城镇化率（城镇人口/常住人口）来看，2012 年全国的平均城镇化率是 52.57%。其中，东北地区、北部沿海、东部沿海和南部沿海高于全国平均水平，黄河中游、长江中游、西南地区、大西北地区低于全国平均水平。从图 3-1 中不难看出，各个经济大区的城镇化发展水平仍存在较大的差距。

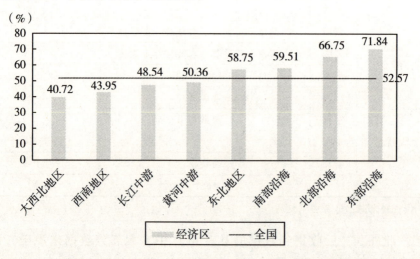

图 3-1　2012 年八大经济区与全国城镇化率比较

资料来源：国家统计局。

　　从地区生产总值来看，排名靠前的是东部沿海、北部沿海，分别占全国地区生产总值的 18% 左右；黄河中游、长江中游基本与全国平均值持平；排名靠后的是大西北地区，只占全国地区生产总值的 3%（见图 3 - 2）。由此可见，东、中、西部发展差距依然悬殊，西部大开发依然任重而道远。

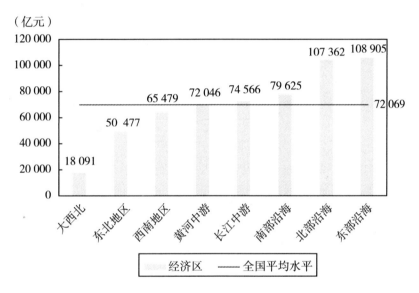

（亿元）

图 3 - 2　2012 年八大经济区地区生产总值与全国平均水平比较
资料来源：国家统计局。

　　从人均地区生产总值来看，排名靠前的依然是东部沿海、北部沿海、南部沿海；排名靠后的则是西南地区、大西北地区（见图 3 - 3）。其中，排名第一的东部沿海人均地区生产总值是全国人均地区生产总值的 1.9 倍；而排名最后的西南地区人均地区生产总值仅为全国人均地区生产总值的 0.7 倍。

　　从非农产业占比来看，北部沿海、东部沿海、黄河中游都在 90% 以上，高于全国平均水平，产业结构相对完善；西南地区、长江中游、南部沿海、东北地区、大西北地区的非农产业占比在 90% 以下，低于全国平均水平，产业结构仍有较大提升空间（见图 3 - 4）。

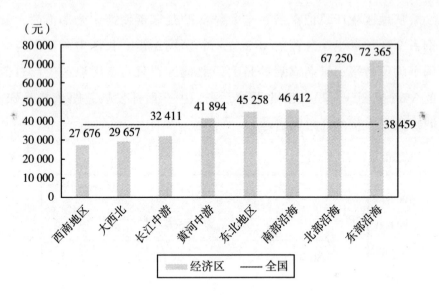

图3－3　2012年八大经济区人均地区生产总值与全国比较
资料来源：国家统计局。

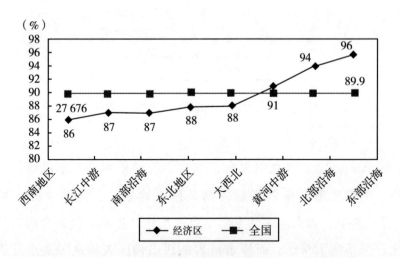

图3－4　2012年八大经济区非农产业占比与全国比较
资料来源：国家统计局。

　　从地方财政收入来看，东部沿海、北部沿海、南部沿海、西南地区的地方财政收入高于全国平均水平，东北地区、长江中游、黄河中游、大西北地区低于全国平均水平（见图3－5）。其中，东部

沿海的财政收入占到全国的 27.5%，而大西北地区的财政收入仅占
全国财政收入的 4.15%，两者之间的差距达到 6 倍多。

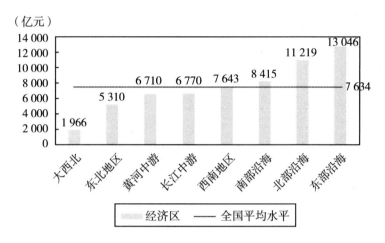

图 3 - 5　2012 年八大经济区地方财政收入与全国比较
资料来源：国家统计局。

从反映经济效率的 GDP 占固定资产投资比重来看，南部沿海、
东部沿海和北部沿海等沿海地区数值较大，高于全国平均水平；大
西北、东北地区、长江中游等数值较少，低于全国平均水平（见图
3 - 6）。

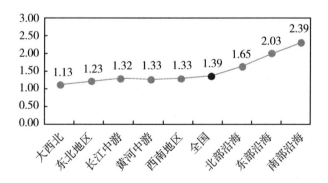

图 3 - 6　2012 年八大经济区 GDP 占全社会固定资产投资比重比较
资料来源：国家统计局。

从社会消费品零售总额来看，大西北地区、东北地区、西南地

区、黄河中游的规模小于全国平均水平，其他地区都高于全国平均水平（见图 3 – 7）。北部沿海地区社会消费品零售总额最大，是全国平均水平的 1.5 倍；大西北地区社会消费品零售总额最小，不到全国平均水平的 1/5。北部沿海地区社会消费品零售总额的规模是大西北地区的 13 倍。

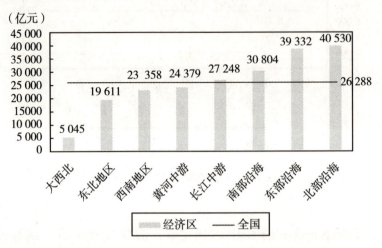

图 3 – 7 2012 年八大经济区全社会消费品零售总额比较
资料来源：国家统计局。

从人均地方公共财政预算内支出来看，东北地区、北部沿海、东部沿海、南部沿海都高于全国平均水平，而黄河中游、长江中游、西南地区都低于全国平均水平（见图 3 – 8）。其中，最高的是大西北地区，人均地方公共预算内支出是全国平均水平的 1.69 倍；最低的是长江中游，人均地方公共预算内支出为全国平均水平的 0.83 倍。大西北地区人均地方公共财政预算内支出是长江中游的 2 倍。

从城镇居民购买能力来看，东部沿海、北部沿海、南部沿海都高于全国平均水平（见图 3 – 9），其中，东部沿海的城镇居民人均可支配收入是全国的 1.42 倍；而排名最后的大西北地区却只有全国平均水平的 0.74 倍。东部沿海地区城镇居民人均可支配收入几乎是大西北地区的 2 倍。

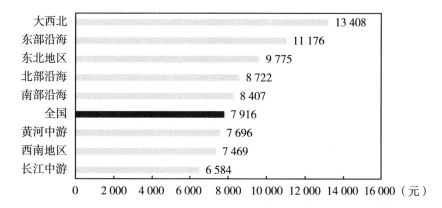

图 3 - 8　2012 年八大经济区人均地方公共财政预算内支出与全国比较
资料来源：国家统计局。

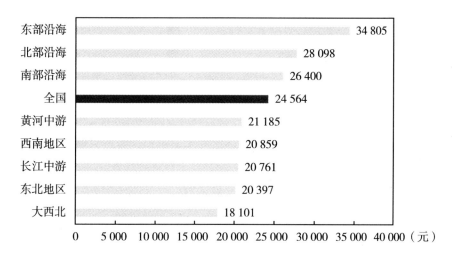

图 3 - 9　八大经济区城镇居民人均可支配收入与全国比较
资料来源：国家统计局。

3.3　八大经济区样本城镇发展现状比较

2005 ~ 2012 年同一经济区下样本城镇发展变化的报告具体见 3.4 节。本节主要选取 2012 年各个大区对应样本城镇的平均值作为阐述对象，进行总体描述及对比。

（1）从经济规模来看，东部沿海、北部沿海、东北地区的样本城镇高于平均值，其他五大经济区的样本城镇低于平均值（见图3－10）。其中，东部沿海是样本平均值的2.33倍，而南部沿海是样本平均值的0.5倍。

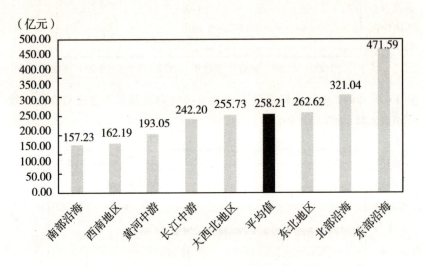

图3－10　2012年各大经济区样本城镇地区生产总值

资料来源：各省（市）统计年鉴。

（2）从常住人口统计口径下的人均地区生产总值来看，大西北地区、东部沿海、北部沿海、东北地区选取的样本城镇高于全国平均水平；西南地区、南部沿海、黄河中游、长江中游选取的样本城镇低于全国平均水平（见图3－11）。

（3）从全社会固定资产投资总额看，东部沿海、大西北地区、东北地区、北部沿海选取的样本城镇投资力度较大，高于样本平均值；南部沿海、西南地区、黄河中游、长江中游选取的样本城镇投资力度较小，低于样本平均值（见图3－12）。其中，东部沿海样本城镇的全社会固定资产投资总额是南部沿海样本城镇的2.6倍。

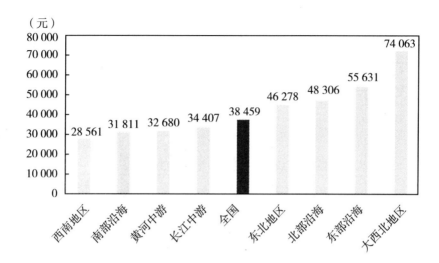

图 3 – 11　2012 年各大区样本城镇人均地区生产总值

资料来源：各省（市）统计年鉴，其中胶州市、荣成市、黟县的人均地区生产总值为户籍人口，结果存在一定程度的偏差。

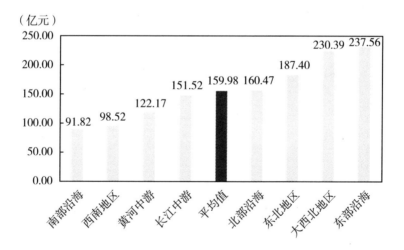

图 3 – 12　2012 年各大区样本城镇全社会固定资产投资总额

资料来源：各省（市）统计年鉴。

（4）从社会消费品零售总额来看，东部沿海、北部沿海选取的样本城镇市场规模高于其他大区（见图 3 – 13）。其中，东部沿海样本城镇社会消费品零售总额是样本平均值的 2.3 倍，而大西北地区样本城镇社会消费品零售总额只有样本平均值的一半。

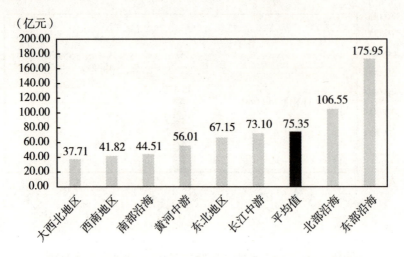

图3-13 2012年各大区样本城镇社会消费品零售总额

资料来源：各省（市）统计年鉴。

（5）从财政收入来看，东部沿海地区样本城镇的地方政府财政收入最高，是样本平均值的3倍；而南部沿海样本城镇的地方政府财政收入最低，是样本平均值的0.4倍（见图3-14）。

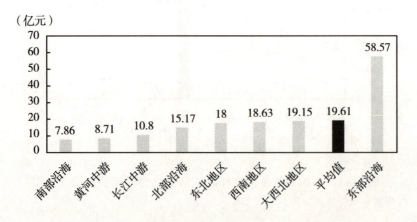

图3-14 2012年各大区样本城镇地方政府财政收入

资料来源：各省（市）统计年鉴。

（6）从城镇居民人均可支配收入看，除东部沿海样本城镇高于全国平均水平外，其余大区的样本城镇都在全国平均水平之下（见图 3 – 15）。东部沿海与长江中游地区的差距高达 1.74 倍。

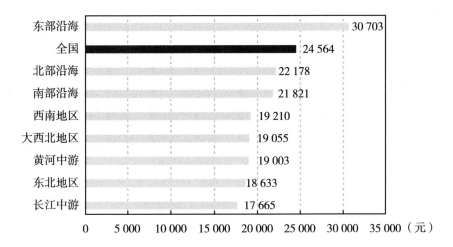

图 3 – 15　2012 年各大区样本城镇城镇居民人均可支配收入

资料来源：各省（市）统计年鉴。

3.4　同一经济大区样本城镇发展现状比较

3.4.1　东北地区样本城镇发展变化

从地区生产总值来看，东北地区五个县市中，辽中县、榆树市、九台市的规模较大，高于样本城镇平均值；抚松县、珲春市的规模较小，低于样本城镇平均值（见图 3 – 16）。

从地区生产总值增长率来看，五个县市的总体增长态势大体一致，经历了高速增长后逐步趋缓。其中，辽中县的增长率波动较大，2006 年负增长 28%，2010 年增长率又高达 43%，2012 年又低至 1% 左右；榆树市的增长率相对平稳，平均增长率在 15% 左右。珲春市受经济危机影响的时间持续较长，经济恢复比较缓慢（见图 3 – 17）。

（亿元）

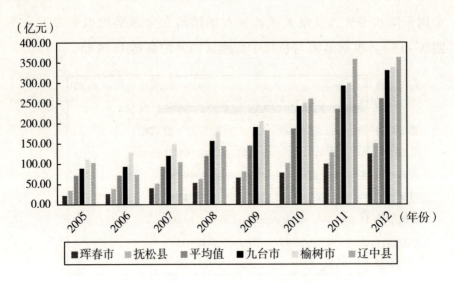

图 3 – 16　2005～2012 年东北地区样本城镇生产总值比较

资料来源：历年《沈阳统计年鉴》《长春统计年鉴》；珲春市、抚松县数据来自历年统计公报。

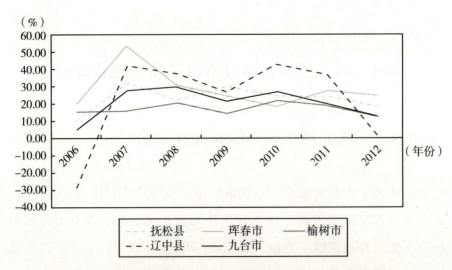

图 3 – 17　2005～2012 年东北地区样本城镇生产总值增长率

资料来源：《沈阳统计年鉴》《长春统计年鉴》；珲春市、抚松县数据来自历年统计公报。

　　从人均地区生产总值来看，2008 年以前，五个县市的人均地区生产总值都低于全国平均水平；2008 年以后，辽中县、珲春市、抚松县人均地区生产总值增长迅猛，先后超过全国平均水平，且差距不断扩大；榆树市的人均地区生产总值与全国人均地区生产总值的增长速度大体一致，差距相对稳定；九台市的人均地区生产总值增长先快后慢，2010 年以后与全国平均水平基本持平（见图 3－18）。

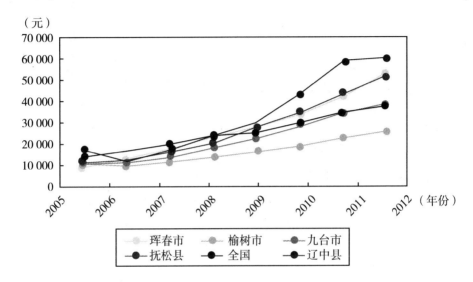

图 3－18　2005～2012 年东北地区样本城镇人均地区生产总值比较

资料来源：《沈阳统计年鉴》《长春统计年鉴》；珲春市、抚松县数据来自历年统计公报。

从财政收入（九台市数据不全）来看，2007 年以前，四个县市的财政收入大体相当；2007 年以后，四个县市的财政收入都有较大幅度的增长，尤其辽中县的财政收入增长迅猛（见图 3－19）。

从全社会固定资产投资总额来看，四个县市都经历了较快的增长。其中，珲春市、抚松县、榆树市的增速大体相当。辽中县全社会固定资产投资总额增长迅猛。2005～2012 年，辽中县全社会固定资产投资总额排名从倒数第一变为第一，总额几乎为珲春市、抚松县、榆树市的投资总额之和（见图 3－20）。

从社会消费品零售总额来看，2005～2012 年，五个县市都经历了快速的增长，增长速度大体相当。其中榆树市的社会消费品零售

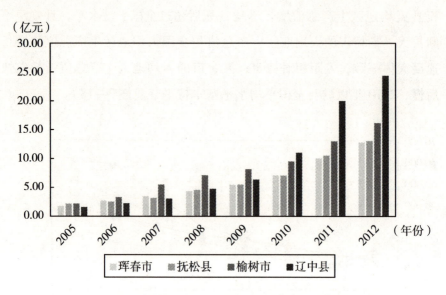

图 3 – 19　2005 ~ 2012 年东北地区样本城镇财政收入比较

资料来源：《沈阳统计年鉴》《长春统计年鉴》；珲春市、抚松县数据来自历年统计公报。

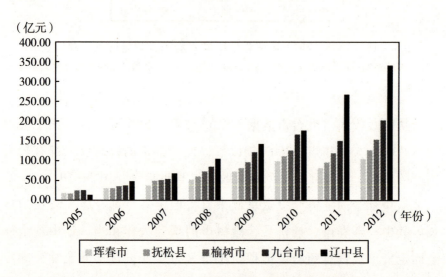

图 3 – 20　2005 ~ 2012 年东北地区样本城镇
全社会固定资产投资总额比较

资料来源：《沈阳统计年鉴》《长春统计年鉴》；珲春市、抚松县数据来自历年统计公报。

总额规模最大，其次是九台市、辽中县，珲春市与抚松县的规模大体相当（见图 3 - 21）。

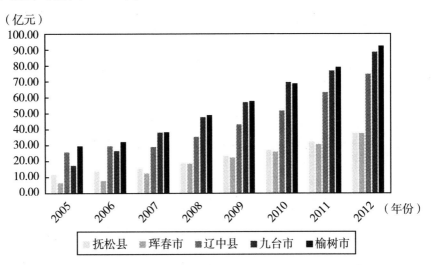

图 3 - 21 2005 ~ 2012 年东北样本城镇社会消费品零售总额比较

资料来源：《沈阳统计年鉴》《长春统计年鉴》；珲春市、抚松县数据来自历年统计公报。

由于五个县市城镇居民人均可支配收入数据不全，且抚松县农民人均纯收入连续性差，本书仅将珲春市、榆树市、辽中县、九台市与全国进行比较。从图 3 - 22 中可以看出，东北地区样本城镇农民人均纯收入均高于全国平均水平。其中，辽中县农民人均纯收入增长速度最快，与全国平均水平的差距不断拉大。榆树市农民人均纯收入波动较大，这与榆树市是产粮大县，受天气气候影响较大有关。

3.4.2 北部沿海地区样本城镇发展变化

从地区生产总值看，北部沿海地区试点小城镇对应的县市经济规模大小不一。2012 年，第一梯队是山东省的荣成市、胶州市，地区生产总值介于 700 亿 ~ 800 亿元；第二梯队是河北省的玉田县、沧县、高碑店市，地区生产总值介于 200 亿 ~ 300 亿元；第三梯队是河

北省的雄县、清河县及山东省的栖霞市，地区生产总值在 100 亿元
以下（见图 3 – 23）。

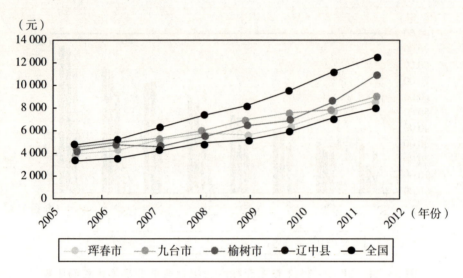

图 3 – 22　2005 ~ 2012 年东北地区样本城镇农民人均纯收入比较

资料来源：《沈阳统计年鉴》《长春统计年鉴》；珲春市、抚松县数据来自历年
统计公报。

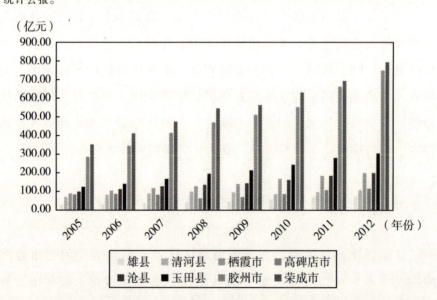

图 3 – 23　2005 ~ 2012 年北部沿海样本城镇地区生产总值

资料来源：《河南统计年鉴》《烟台统计年鉴》《青海统计年鉴》。

从地区生产总值增长率来看，山东省、河北省县市的地区生产总值增长率大体趋势一致，都经历了先减后增的阶段，都遭受了2008 年金融危机的重创。其中，高碑店市、清河县增长率波动较大。2007～2008 年、2009～2010 年，高碑店市、清河县地区生产总值分别出现了负增长，很大原因在于高碑店市和清河县是出口型县市，受金融危机影响更大（见图 3－24）。

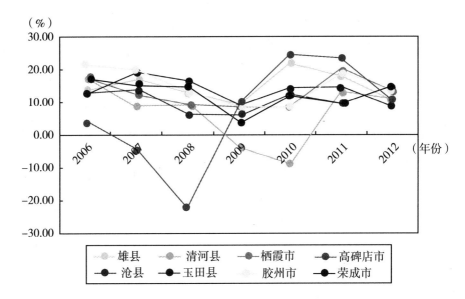

图 3－24　2005～2012 年北部沿海样本城镇地区生产总值增长率
资料来源：《河南统计年鉴》《烟台统计年鉴》《青海统计年鉴》。

从人均地区生产总值（荣成市、胶州市只有户籍人口统计口径）来看，荣成市、胶州市、玉田县高于全国平均水平，其中荣成市、胶州市人均地区生产总值的增长速度高于全国平均水平，两者的差距不断扩大；清河县人均地区生产总值先增后减，2009 年首次低于全国平均水平，且差距有扩大的趋势；雄县、栖霞市、沧县、高碑店市人均地区生产总值低于全国平均水平，增速与全国平均水平增速大体相当（见图 3－25）。

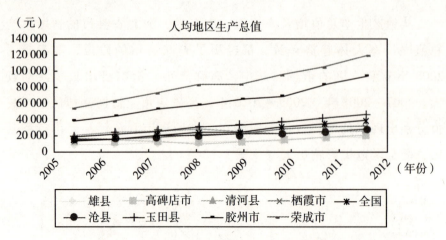

图 3 - 25　2005 ~ 2012 年北部沿海样本城镇人均地区生产总值

资料来源:《河南统计年鉴》《烟台统计年鉴》《青海统计年鉴》。

　　从财政收入看,北部沿海地区各县市的差距悬殊。财政收入排
名靠前的依然是山东省的荣成市和胶州市,财政收入规模在 45 亿元
左右;排名靠后的是雄县、清河县,财政收入不足 5 亿元;高碑店
市、沧县、栖霞市、玉田县的财政收入大体相近,在 6 亿元左右
(见图 3 - 26)。

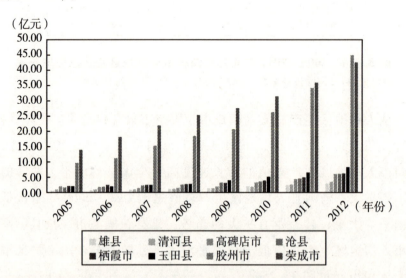

图 3 - 26　2005 ~ 2012 年北部沿海样本城镇财政收入

资料来源:《河南统计年鉴》《烟台统计年鉴》《青海统计年鉴》。

从全社会固定资产投资来看，荣成市投资规模最大（胶州市数据缺失），栖霞市、沧县、玉龙县投资总额增长速度较快，2012 年的投资总额是 2005 年投资总额的 5～6 倍（见图 3-27）。

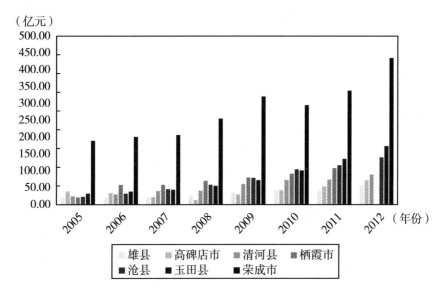

图 3-27　2005～2012 年北部沿海样本城镇全社会固定资产投资
注：2012 年栖霞市数据缺失。
资料来源：《河南统计年鉴》《烟台统计年鉴》《青海统计年鉴》。

从社会零售消费品总额看，大体呈现与社会固定资产投资总额相类似的趋势。荣成市遥遥领先（2012 年栖霞市数据缺失），玉田县、沧县、栖霞市增长速度较快，雄县、高碑店市社会消费品零售总额及增速较小（见图 3-28）。

此外，山东省、河北省各县市都没有公布相应的城镇居民人均可支配收入及农民人均纯收入，本书无法展开对两者的具体分析。

3.4.3　东部沿海地区样本城镇发展变化

东部沿海地区小城镇数目较多，用图形呈现过于庞杂。本书按照地区生产总值大小相近取其一的原则（余姚 VS. 温岭，富阳 VS.

海宁，邳州市 VS. 兴化市，安吉县 VS. 建德市），最终选取了9个小城镇进行分析。

从地区生产总值看，东部沿海地区小城镇发展态势较为一致。地区生产总值排名靠前的是慈溪市、余姚市（温岭市）、富阳市（海宁市）、邳州市（兴化市），其余县市规模大体相当（见图3－29）。

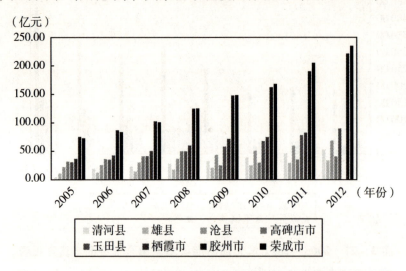

图 3－28   2005～2012 年北部沿海样本城镇社会消费品零售总额
资料来源：《河南统计年鉴》《烟台统计年鉴》《青海统计年鉴》。

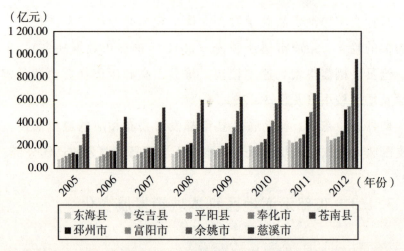

图 3－29   2005～2012 年东部沿海地区样本城镇地区生产总值
资料来源：《浙江统计年鉴》《江苏统计年鉴》。

　　从地区生产总值增长率来看，除邳州市、东海县外，其余县市地区生产总值增长率趋势一致，尤其是 2009 年增长率下降到最低水平。2009 年，邳州市、东海县增长率不降反升（见图 3－30）。根据《邳州市人民政府 2010 年政府工作报告》，全市经济逆势而上、健康发展主要归功于地方政府积极应对，相继制定出台促进企业发展、推动产业转型升级、保证外贸出口、稳定房地产市场等政策措施。

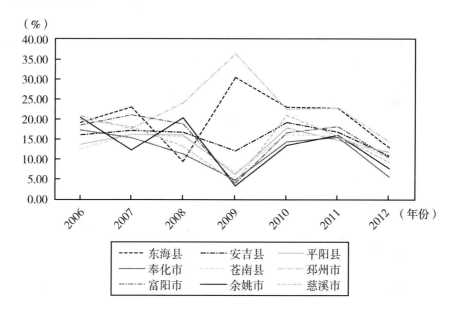

图 3－30　2005～2012 年东部沿海地区样本城镇
地区生产总值增长率

资料来源：《浙江统计年鉴》《江苏统计年鉴》。

　　从人均地区生产总值看，各个县市都经历了较快的增长，2008～2009 年呈现出较大的波动。慈溪市、余姚市、富阳市、奉化市、安吉县人均地区生产总值高于全国平均水平，且差距有不断扩大的趋势；东海县、邳州市、平阳县、苍南县人均地区生产总值低于全国平均水平，但差距有不断缩小的趋势（见图 3－31）。

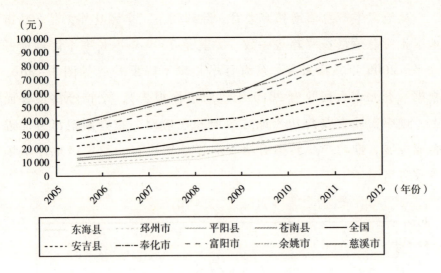

图 3 – 31　2005 ~ 2012 年东部沿海地区样本城镇人均地区生产总值
资料来源:《浙江统计年鉴》《江苏统计年鉴》。

从地方财政收入看，2005 ~ 2012 年各个县市都经历了较快的增长，财政收入总值都实现了翻一番的目标，各个县市财政收入总值都超过 20 亿元，慈溪市、余姚市高达百亿元（见图 3 – 32）。

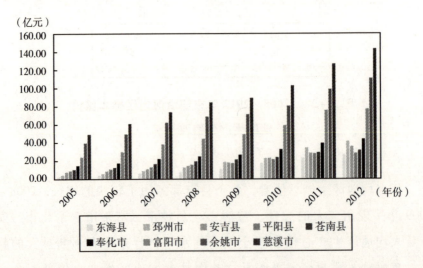

图 3 – 32　2005 ~ 2012 年东部沿海地区样本城镇地方财政收入
资料来源:《浙江统计年鉴》《江苏统计年鉴》。

　　从全社会固定资产投资总额来看，各县市总体呈现增长态势，但是波动较大。如宁波市管辖下的余姚市、慈溪市在 2011 年出现了负增长，2012 年实现了 100% 以上的增长，奉化市、富阳市也呈现类似的增长趋势（见图 3 - 33）。余姚市、慈溪市、奉化市同属宁波市，根据《宁波市 2013 年政府工作报告——2012 回顾》："把扩大有效投资作为稳增长、促转型、惠民生的重中之重，以'双百'项目为抓手，有效开展'六个加快'重大项目突破年活动，上海大众宁波基地等一批重大项目加速推进，中宇锂电池、宁波卷烟厂易地技改等一批重大项目开工建设。"

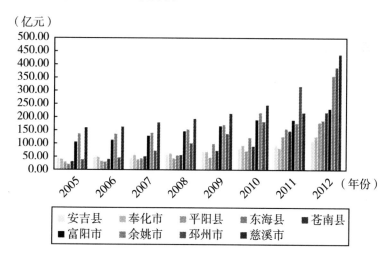

图 3 - 33　2005 ~ 2012 年东部沿海地区样本城镇
全社会固定资产投资总额
资料来源：《浙江统计年鉴》《江苏统计年鉴》。

　　从社会消费品零售总额看，各个县市增长速度较快，2005 ~ 2012 年几乎翻了三番。其中，慈溪市、余姚市、苍南县排名靠前，其他县市社会消费品零售总额大体相当（见图 3 - 34）。

　　从城镇居民人均可支配收入来看（东海县、邳州市、兴化市 2005 ~ 2008 年数据缺失），江苏省的县市城镇居民人均可支配收入低于全国平均水平，却保持相对一致的增长趋势；浙江省的县市城镇居民人均可支配收入都高于全国平均水平，且增长速度高于全国平均水平的增长速度（见图3-35）。

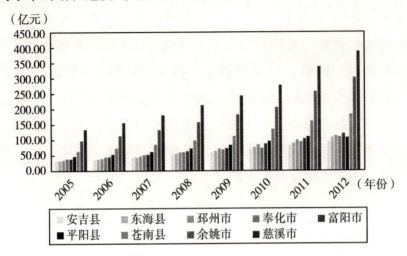

图3-34　2005～2012年东部沿海地区样本城镇
社会消费品零售总额

资料来源：《浙江统计年鉴》《江苏统计年鉴》。

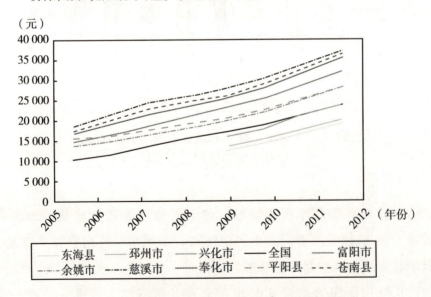

图3-35　2005～2012年东部沿海地区样本城镇
城镇居民人均可支配收入

资料来源：《浙江统计年鉴》《江苏统计年鉴》。

3.4.4　南部沿海地区样本城镇发展变化

第一批全国发展改革试点小城镇名单里没有包含海南省的小城镇，所以南部沿海地区只有福鼎市、尤溪县、阳西县三个县市。

从地区生产总值来看，南部沿海三个县市都实现了较快发展。规模最大的是福鼎市，地区生产总值达到 200 亿元以上；规模较小的是阳西县，规模在 100 亿元以上（见图 3-36）。

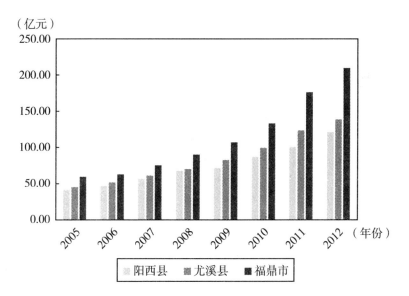

图 3-36　2005~2012 年南部沿海地区样本城镇地区生产总值
资料来源：《福建统计年鉴》《广东统计年鉴》。

从地区生产总值增长率来看，福鼎市、尤溪县、阳西县基本实现了两位数的快速增长。不过，阳西县增长率波动较大，尤其是 2009 年，受金融危机影响，外贸深受重创，增长率跌至谷底，仅有 5.58%（见图 3-37）。

从人均地区生产总值来看，尤溪县、福鼎市、阳西县都低于全国平均水平。其中，福鼎市人均地区生产总值增长最快，与全国平均水平的差距逐步减少，大有超越的趋势；阳西县人均地区生产总值增长最慢，与全国平均水平的差距逐步拉大；尤溪县人均地区生产总值增长速度介于两者之间，与全国平均水平的差距有略微扩大的趋势（见图 3 - 38）。

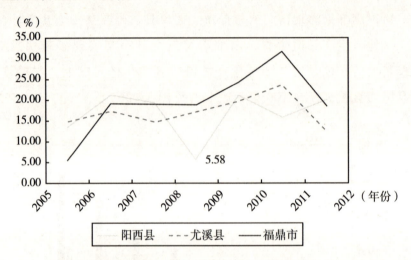

图 3 - 37　2005 ~ 2012 年南部沿海地区样本城镇地区生产总值增长率
资料来源：《福建统计年鉴》《广东统计年鉴》。

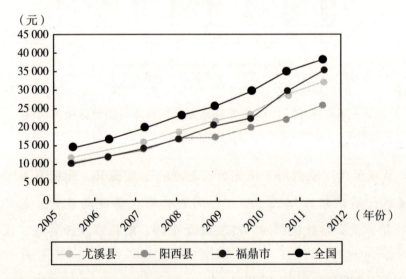

图 3 - 38　2005 ~ 2012 年南部沿海地区样本城镇人均地区生产总值
资料来源：《福建统计年鉴》《广东统计年鉴》。

从地方财政收入来看，南部沿海地区三县市的规模较小，地方财政收入不到 20 亿元。从财政收入增长率来看，福鼎市增长速度最快，阳西县和尤溪县增长速度大致相当（见图 3 - 39）。

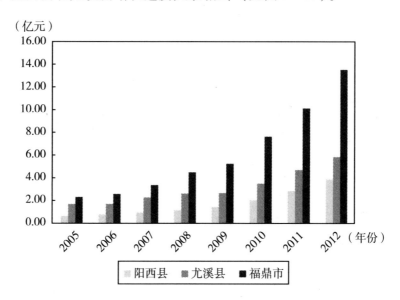

图 3 - 39　2005 ~ 2012 年南部沿海地区样本城镇地方财政收入
资料来源：《福建统计年鉴》《广东统计年鉴》。

从全社会固定资产投资总额来看，阳西县、尤溪县、福鼎市总体呈现增长的态势；2009 年之前，全社会固定资产投资总额增速较为缓慢，2009 年之后，全社会固定资产投资总额增速较快，尤其是福鼎市和尤溪县（见图 3 - 40）。根据《福鼎市 2012 年国民经济和社会发展统计公报》披露，"在'五大战役'的有力支撑下，我市投资增速保持较快的发展势头，投资已成为我市实现跨越式发展的重要支柱。"此外，五大战役 578 个项目中，小城镇改革发展战役共有 13 个项目，计划投资 36.59 亿元。

从社会消费品零售总额看，各个县市增长趋势明显。其中阳西县、福鼎市的增长态势大体一致，尤溪县增长态势相对缓慢（见图 3 - 41）。

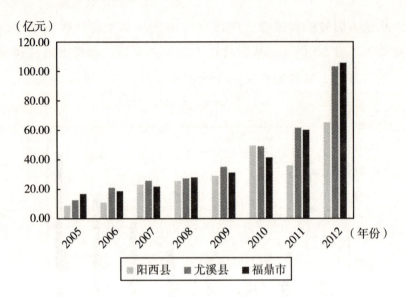

图 3 - 40　2005 ~ 2012 年南部沿海地区样本城镇全社会固定资产投资总额

资料来源：《福建统计年鉴》《广东统计年鉴》。

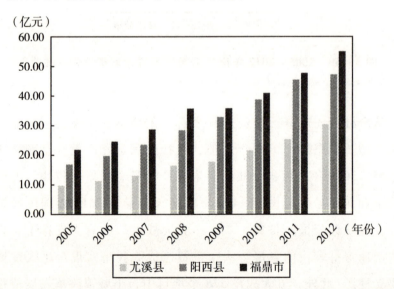

图 3 - 41　2005 ~ 2012 年南部沿海地区样本城镇社会消费品零售总额

资料来源：《福建统计年鉴》《广东统计年鉴》。

此外，南部沿海地区仅有福鼎市、尤溪县 2011 ~ 2012 年的城镇居民人均可支配收入，不便于进行横向比较，故没有展开详细分析。

3.4.5　黄河中游地区样本城镇发展变化

黄河中游地区共有 15 个县市（河南 7 个、山西 4 个、内蒙古 1 个、陕西 3 个），按照权重抽样法，本书选取 9 个县市（河南 4 个、山西 2 个、内蒙古 1 个、山西 2 个）进行分析。按照"地区生产总值相似，发展态势相近选其一"的原则。本书最终选取了巩义市、辉县市、长垣县、商水县、宁城县、宁武县、洪洞县、延川县、华阴市 9 个县市。

从地区生产总值看，黄河中游地区各县市的梯队层次较为明显。巩义市一枝独秀，实现地区生产总值 500 亿元以上。辉县市位居第二，实现地区生产总值 200 亿元以上；第三梯队是长垣县、洪洞县、商水县、宁城县，实现地区生产总值 100 亿元以上；第四梯队是宁武县、华阴市、延川县，地区生产总值百亿元以下（见图 3-42）。

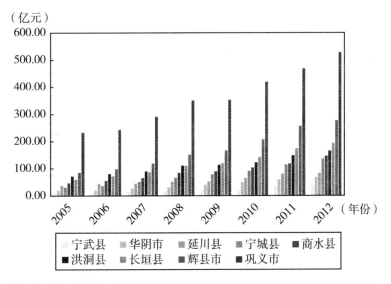

图 3-42　2005～2012 年黄河中游地区样本城镇地区生产总值

资料来源：《河南统计年鉴》《山西统计年鉴》《陕西统计年鉴》《内蒙古统计年鉴》。

从地区生产总值增长率来看，除华阴市外，其余县市的增长态势大体一致，增长率都经历了先增后降再增的过程，其中，宁武县增长的幅度最大。与其他县市不同，2009 年华阴市不降反升，原因在于全社会固定资产投资的拉动（见图 3 - 43）。根据《华阴市 2010年政府工作报告》："2009 年，全社会固定资产投资完成 41.3 亿元，增长 147%，是我市历年来建设项目最多、投资额度最大、拉动经济增长最为显著的一年。"

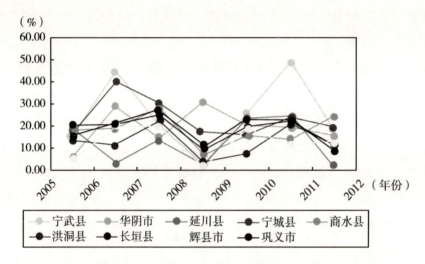

图 3 - 43　2005 ~ 2012 年黄河中游地区样本城镇地区生产总值增长率

资料来源：《河南统计年鉴》《山西统计年鉴》《陕西统计年鉴》《内蒙古统计年鉴》。

从人均地区生产总值看，黄河中游地区县市普遍低于全国平均水平。巩义市、延川县人均地区生产总值高于全国平均水平，其中巩义市人均地区生产总值增长的态势高于全国，而延川县人均地区生产总值波动较大；辉县市人均地区生产总值增长较快，目前基本与全国持平；其余县市人均地区生产总值均低于全国，两者差距有略微扩大的趋势（见图 3 - 44）。

从地方财政收入看，黄河中游地区各县市收入规模不大。排名靠前的是巩义市和辉县市，增速也位居前列。延川县、华阴市、宁城县的收入规模增速相对平稳（见图 3 - 45）。

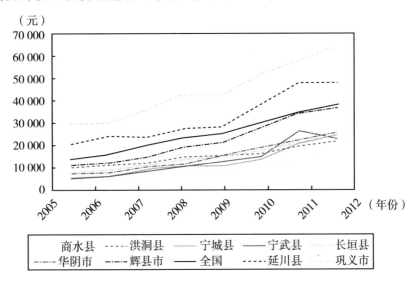

图 3 - 44　2005 ~ 2012 年黄河中游地区样本城镇人均地区生产总值
资料来源：《河南统计年鉴》《山西统计年鉴》《陕西统计年鉴》《内蒙古统计年鉴》。

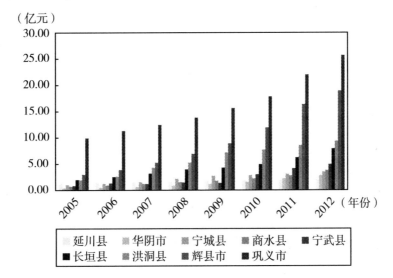

图 3 - 45　2005 ~ 2012 年黄河中游地区样本城镇地方财政收入
资料来源：《河南统计年鉴》《山西统计年鉴》《陕西统计年鉴》《内蒙古统计年鉴》。

从全社会固定资产投资看，巩义市、辉县市、长垣县排名靠前，跟该县市地区生产总值的排名一致。可见，全社会固定资产投资总额高的县市，地区生产总值也比较高（见图 3 – 46）。

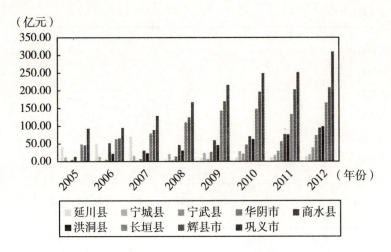

图 3 – 46　2005～2012 年黄河中游地区样本城镇全社会固定资产投资

　　资料来源：《河南统计年鉴》《山西统计年鉴》《陕西统计年鉴》《内蒙古统计年鉴》。

　　从社会消费品零售总额看，巩义市一枝独秀，几乎等于其他县市（除辉县市）的总和。另外，从图 3 – 47 中可以发现，内蒙古宁武县、陕西延川县、华阴市国内贸易市场相对落后且发展缓慢。

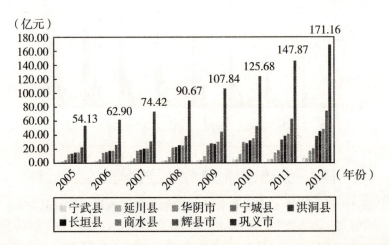

图 3 – 47　2005～2012 年黄河中游地区样本城镇社会消费品零售总额

　　资料来源：《河南统计年鉴》《山西统计年鉴》《陕西统计年鉴》《内蒙古统计年鉴》。

从城镇居民人均可支配收入看，黄河中游地区各县市都低于全国平均水平，且差距没有明显的缩小趋势（见图 3 – 48）。

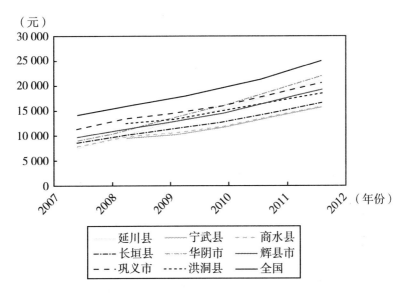

图 3 – 48 2005～2012 年黄河中游地区样本城镇
城镇居民人均可支配收入

资料来源：《河南统计年鉴》《山西统计年鉴》《陕西统计年鉴》《内蒙古统计年鉴》。

3.4.6 长江中游地区样本城镇发展变化

从地区生产总值来看，长江中游地区的县市规模大小不一，差距悬殊。地区生产总值最大的是浏阳市，经济规模是第二名大冶市的 2 倍，是规模最小的黟县的 40 倍（见图 3 – 49）。

从地区生产总值增长率来看，长江中游各个县市整体态势相近，但是增长幅度相差较大。黟县、冷水江市、双峰县、应城市增长趋势比较相近，浏阳市、临湘市、罗田县、松滋市波动较大。尤其是临湘市，2009 年增长率不降反升，表现异常（见图 3 – 50）。根据《临湘市 2010 年政府报告》："2009 年，我市以招商引资为依托，争取国家投资项目超历史。全年共申报项目 187 个，到位资金 8.1 亿元，是临湘有史以来争资力度最大的一年。"

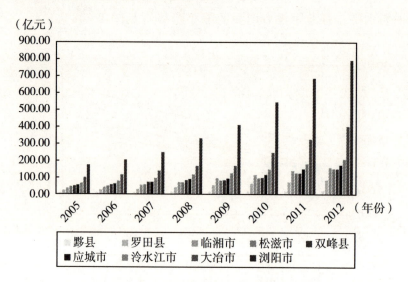

图 3 - 49　2005 ~ 2012 年长江中游地区样本城镇地区生产总值

资料来源:《湖北统计年鉴》《湖南统计年鉴》《黟县统计公报》。

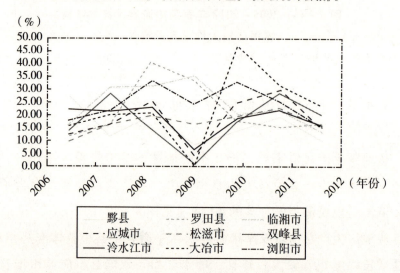

图 3 - 50　2005 ~ 2012 年长江中游地区样本城镇地区生产总值增长率

资料来源:《湖北统计年鉴》《湖南统计年鉴》《黟县统计公报》。

从人均地区生产总值看，长江中游地区大部分县市低于全国平均水平。不过，浏阳市、大冶市人均地区生产总值增速迅猛，分别于 2008 年、2011 年超过全国平均水平；临湘市、应城市与全国平均水平的差距不断缩小（见图 3 - 51）。

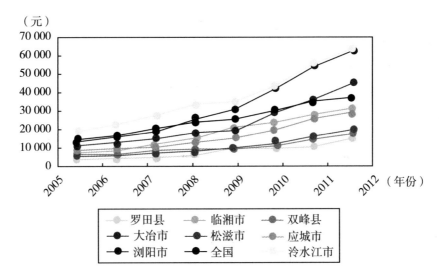

图 3 - 51　2005 ~ 2012 年长江中游地区样本城镇人均地区生产总值

资料来源：《湖北统计年鉴》《湖南统计年鉴》。

从地方财政收入看，长江中游地区县市财政收入都在 30 亿元以下。排名靠前的是大冶市、浏阳市。从图 3 - 52 中可以看出，大冶市地方财政收入增长迅速，目前已经成功赶超浏阳市。此外，冷水江市、应城市、黟县、松滋市财政收入增速较快，快于临湘市、罗田县。

从社会消费品零售总额来看，浏阳市、大冶市的市场规模最大且增速迅猛；黟县的市场规模最小，且增速缓慢（见图 3 - 53）。

3.4.7　西南地区样本城镇发展变化

西南地区包括四川、云南、贵州、广西。其中，云南省的永德县和玉龙县经济规模大致相当，我们仅选取了永德县进行分析。

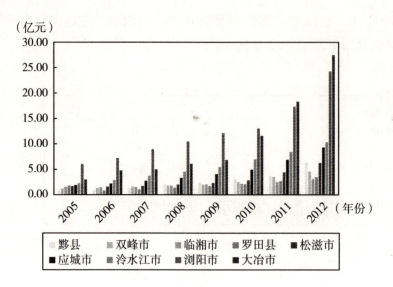

图 3 - 52　2005 ~ 2012 年长江中游地区样本城镇地方财政收入

资料来源:《湖北统计年鉴》《湖南统计年鉴》。

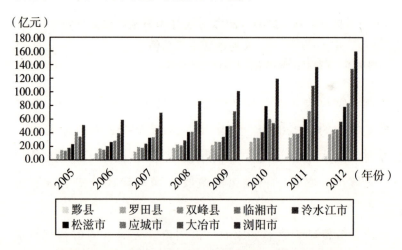

图 3 - 53　2005 ~ 2012 年长江中游地区样本城镇
社会消费品零售总额

资料来源:《湖北统计年鉴》《湖南统计年鉴》《黟县统计公报》。

从地区生产总值来看,贵州省的盘县、仁怀市、四川省的江油市规模相对较大,云南的永德县、腾冲县以及四川省的犍为县经济规模相对较小(见图 3 - 54)。

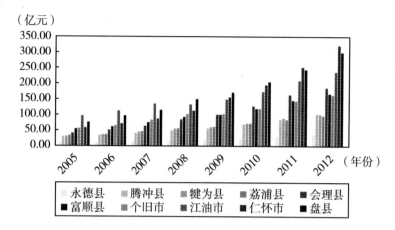

图 3 - 54   2005 ~ 2012 年西南地区样本城镇地区生产总值

资料来源：《四川统计年鉴》《云南统计年鉴》《广西统计年鉴》《贵州统计年鉴》。

从地区生产总值增长率来看，除个别年份外，各个县市的增长趋势大体一致（见图 3 - 55）。2008 年，江油市地区生产总值出现负增长，原因在于：年初雨雪冰冻灾害对种植物破坏较大，"5. 12"特

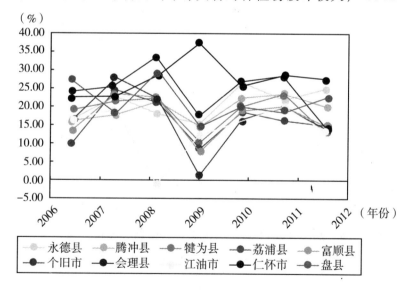

图 3 - 55   2006 ~ 2012 年西南地区样本城镇地区生产总值增长率

资料来源：《四川统计年鉴》《云南统计年鉴》《广西统计年鉴》《贵州统计年鉴》。

大地震及 "7.20" "9.24" 特大洪灾和国际金融危机也对经济增长造成很大的不利影响。2009 年，个旧市遭受国际金融危机的冲击非常明显。相反，仁怀市增长率不降反升，原因在于：市政府深入实施 "三市战略"，大力发展 "四色经济"，全力 "保增长、保民生、保稳定"，统筹兼顾，化危为机，使得全市经济在逆境中前行。

从人均地区生产总值来看，2008 年以前，西南地区县市都低于全国平均水平；2008 年后，仁怀市、会理县迎头赶上，实现对全国平均水平的超越。个旧市、江油市、盘县等地增速迅猛，不断缩小与全国平均水平的差距（见图 3 – 56）。

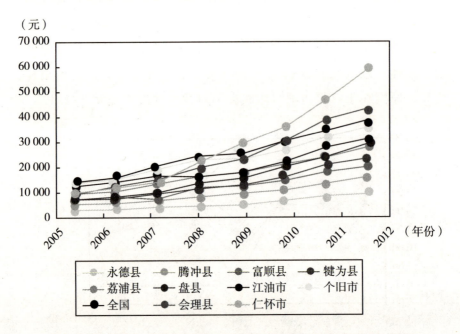

图 3 – 56 2005 ~ 2012 年西南地区样本城镇人均地区生产总值

资料来源：《四川统计年鉴》《云南统计年鉴》《广西统计年鉴》《贵州统计年鉴》。

从地方财政收入看，各县市增速明显。其中，盘县、仁怀市规模和增速都名列前茅；永德县、犍为县相对落后（见图 3 – 57）。

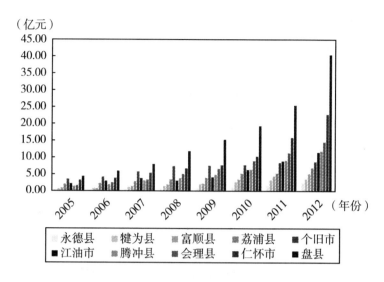

图 3 – 57　2005 ~ 2012 年西南地区样本城镇地方财政收入

资料来源：《四川统计年鉴》《云南统计年鉴》《广西统计年鉴》《贵州统计年鉴》。

从全社会固定资产投资总额看，各县市增速迅猛。2012 年相比 2005 年增速高达 10 倍左右。其中，盘县的全社会固定资产投资总额持续攀升，2012 年逼近 300 亿元（见图 3 – 58）。

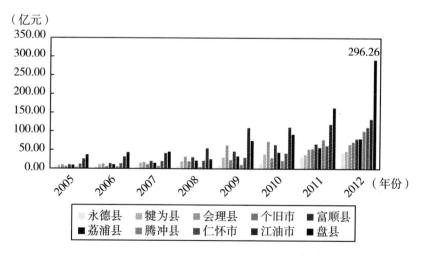

图 3 – 58　2005 ~ 2012 年西南地区样本城镇

全社会固定资产投资总额

资料来源：《四川统计年鉴》《云南统计年鉴》《广西统计年鉴》《贵州统计年鉴》。

从社会消费品零售总额来看，江油市、富顺县国内贸易市场最为活跃；盘县、仁怀市、个旧市规模次之，永德县规模最小，只有10亿元左右（见图3-59）。

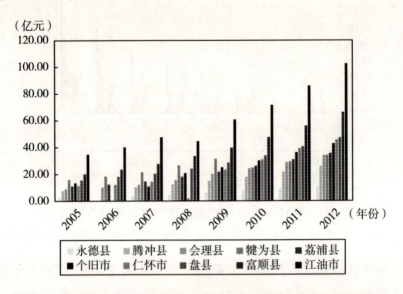

图3-59　2005～2012年西南地区样本城镇社会消费品零售总额

资料来源：《四川统计年鉴》《云南统计年鉴》《广西统计年鉴》《贵州统计年鉴》。

3.4.8　大西北地区样本城镇发展变化

大西北地区包括甘肃、宁夏、青海、新疆、西藏。其中纳入第一批全国发展改革试点小城镇的县市有宁夏的灵武、青海的平安、新疆的昌吉和石河子。由于平安县和石河子市的数据可获得性较差，最终我们只选取了灵武市和昌吉市进行比较分析。

从地区生产总值来看，2012年昌吉市和灵武市的规模大体相当。不过灵武市的增长速度远远高于昌吉市。2005年，灵武市的地区生产总值不到昌吉的一半；2012年，灵武市的地区生产总值几乎与昌吉市持平（见图3-60）。

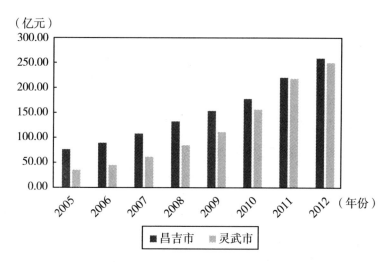

图 3 - 60　2005~2012 年大西北地区样本城镇地区生产总值
资料来源:《银川统计年鉴》《新疆统计年鉴》。

　　从人均地区生产总值来看, 昌吉市和灵武市都高于全国平均水平。灵武市和昌吉市的人均地区生产总值都经历了较快的增长, 但是灵武市的增长势头迅猛, 与全国平均水平的差距不断扩大 (见图 3 - 61)。

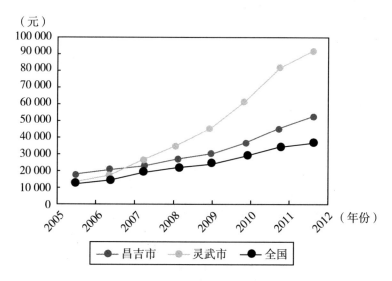

图 3 - 61　2005~2012 年大西北地区样本城镇人均地区生产总值
资料来源:《银川统计年鉴》《新疆统计年鉴》。

从非农产业占比来看，灵武市远远高于昌吉市，2012 年已经高达 96.5%（见图 3–62）。可见昌吉市的产业结构还有进一步优化提升的空间。

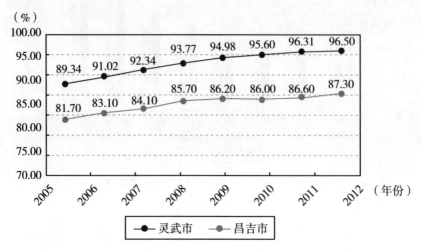

图 3–62　2005～2012 年大西北地区样本城镇非农产业占比
资料来源：《银川统计年鉴》《新疆统计年鉴》。

然而，从消费品零售总额来看，灵武市的市场规模很小，且基本保持稳定；相反，昌吉市的市场规模较大，且增长态势明显（见图 3–63）。

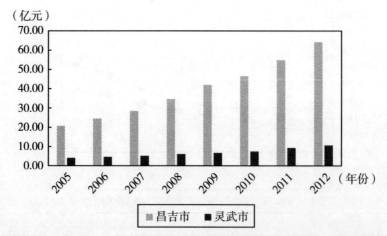

图 3–63　2005～2012 年大西北地区样本城镇社会消费品零售总额
资料来源：《银川统计年鉴》《新疆统计年鉴》。

从全社会固定资产投资总额来看，灵武市和昌吉市都经历了快速的增长，但是灵武市的增速远远高于昌吉市（见图 3－64）。结合社会消费品零售总额来看，灵武市的发展主要还是依靠投资驱动。

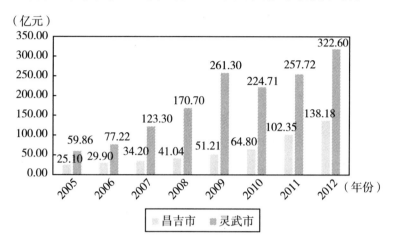

图 3－64　2005～2012 年大西北地区样本城镇全社会固定资产投资总额

资料来源：《银川统计年鉴》《新疆统计年鉴》。

从城镇居民人均可支配收入来看，昌吉市、灵武市都低于全国平均水平。昌吉市与灵武市的增长速度大致一样，与全国平均水平的差距有略微扩大的趋势（见图 3－65）。

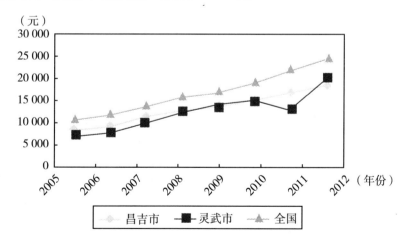

图 3－65　2005～2012 年大西北地区样本城镇城镇居民人均可支配收入

资料来源：《银川统计年鉴》《新疆统计年鉴》。

第4章

发展成熟度与质量研究

在中国广袤的土地上，中小城市星罗棋布，城镇化发展水平高低与质量优劣参差不齐。倘若有一个模型可以对城镇化发展水平进行等级划分，对城镇化发展质量进行甄别，那么不仅可以对城市、城镇单体的发展提供帮助，也有助于从总体上把握中国城镇化发展的现状，总结城镇化发展规律，预测城镇化的发展趋势与方向，进而指导城镇化的健康发展。

基于此，本章从经济的发展水平与居民享有的福利水平两个维度出发，提出了城镇化发展成熟度与质量的理论构想，并构建了 M－Q 理论模型。本书认为，发展成熟度是一个地区或城市的经济发展与福利分配的综合水平，成熟度等级取决于两者中的"短板"；而城镇化发展质量是经济发展与福利分配的均衡协调程度。通过界定理想的"质量基准区间带"，有助于评判一个地区或城市城镇化的质量状态，并分析其与理想路线的偏离方向及偏离程度。

在 M－Q 理论模型基础上，本书结合指标的刻度标准，进一步将模型定量化，得到 M－Q 应用模型。最后，将模型应用于八大经济区的 23 个样本城镇，得到每个样本城镇的发展成熟度及质量状态。基于样本城镇分布情况，发现中国城镇化发展质量总体上呈现出经济超前发展的倾向。

总之，本书构建的 M－Q 模型及实践成果，既可以为城镇化研究者提供借鉴，也可以为城市管理者掌握本地城镇化发展成熟度、质量提供依据，还可以为城镇化政策制定者全面了解中国城镇化发展现状、城镇化发展质量及制定政策策略提供参考。

4.1 M－Q 理论模型

一个城市的发展与成熟主要通过经济质量提升、社会服务体系完善、人们得到更好生存和发展等方面体现出来。从城镇化进程看，自然资源、劳动力和技术要素的投入与升级共同推进了国民经济的总量增长及结构优化；丰厚的财税收入提高了政府部门扩大公共支出的能力，促进了城市建设以及教育、医疗、社会保障等公益性服务的完善；居民自身的收入水平不断提高，且应当享有的权利得到充分保障，物质生活与精神生活不断丰富。

　　不过，以上描述的是理论上理想的城镇化进程，它很好地兼顾了经济发展、社会发展与人的发展三方面。然而，现实中，由于国情约束、城市自身基础条件限制、城市管理者认识的局限性等，以上三个方面的全面兼顾对中国城镇化的现实指导意义不强。因此，必须结合中国实际情况提炼或舍弃部分指标，对城镇化研究进行简化和瘦身。

　　本书认为，城镇化发展成熟度与质量，除了与各种要素的配置效率、产出水平相关外，更重要的是要素投入之间的协调程度。更进一步说，以人为本的城镇化关键在于正确处理经济发展与福利分配两者之间的关系。

　　基于上述构想，本书建立了城镇化发展成熟度与质量理论模型（简称"M - Q 理论模型"），见图 4 - 1。需要说明的是，该图旨在对模型、概念进行阐释，并不具有数学上的精度。

　　本模型将经济水平与福利水平作为衡量一个地区或城市城镇化发展成熟度与质量的两个维度。其中，横轴表示福利分配水平，指的是社会发展对人们需求的满足程度，具体包括人均资源分配、生活环境质量等。基于数据的重要性和可得性，本书目前仅选取了居民人均可支配收入、城镇人均住房面积、万人拥有卫生技术人员、单位 GDP 能耗、人均水资源拥有量和人均拥有绿地面积这六个指标。通过对指标数据的技术处理，可得到福利水平维度上的综合刻度标准，进而将福利水平划分为一星区间、二星区间、三星区间、

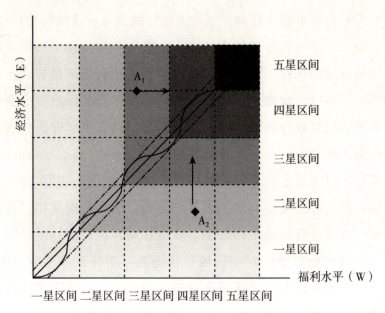

图 4 - 1　M - Q 理论模型（Maturity - Quality Model）

四星区间、五星区间。

　　纵轴表示的是经济发展的水平，用人均 GDP 衡量，并以世界银行（WBG）公布的不同收入等级国家人均 GDP 作为刻度划分标准。需要说明的是，选择人均 GDP 作为经济水平的划分标准，是因为不同收入等级人均 GDP 的变化具有规律性。正如马克思所言，问题本身并不在资本主义生产的自然规律所引起的社会对抗的发展程度的高低，问题在于这些规律本身，在于这些以铁的必然性发生作用并且正在实现的趋势。工业较发达的国家向工业较不发达国家所显示的，只是后者未来的景象。同样地，根据刻度标准将经济水平划分为一星区间、二星区间、三星区间、四星区间、五星区间。综合经济水平与福利水平的星级区间，可确定每个地区或城市最终的成熟度等级。

此外，考虑到现实生活中经济发展与福利分配很难实现理论上的绝对均衡，因此，本书进一步界定了"质量基准区间带"，允许经济发展与福利分配存在一定幅度的偏离。通过样本城镇质量 EW 标点与"质量基准区间带"的比较，可以评价一个地区或城市的质量状态，以及与理想路线的偏离程度。下面将详细展开分析。

4.1.1　城镇化发展成熟度

发展成熟度，是一个地区或城市经济发展与福利分配的综合水平表现。一般而言，经济起飞提供社会与人的发展的物质基础，两者在起步时间与发展程度上存在时差，但是要将两者的落差控制在合理的区间范围内。否则，两者落差过大，容易出现经济超前、民生滞后或城市负债过高、风险过大等隐患。因此，评价一个地区或城市的发展成熟度时，需要综合考量经济发展与福利分配的水平，尤其要注意城镇化进程中的"短板效应"。换句话说，一个地区或城市最终的城镇化发展成熟度等级取决于经济水平与福利水平较低的一方。

$$m_i = \min\{E_i, W_i\}$$

其中，i 指的是某一地区或城市，E_i 指的是 i 地区或城市在经济发展水平维度上所处的区间等级；W_i 指的是 i 地区或城市在福利水平维度上所处的区间等级；m_i 则是该地区或城市最终确定下来的成熟度等级。

例如图 4-1 中的 A_2 城市，在经济水平上处于二星区间，故 $E_{A2}=2$；在福利水平上处于四星区间，故 $W_{A2}=4$。因此 A_2 最终确定的发展成熟度星级应为 $m_{A2} = \min\{2, 4\}=2$。同理，可确定 A_1 城市最终的发

展成熟度星级为 $m_{A1} = \min \{5, 3\} = 3$。这也是星级划分结果在模型中呈现多个"L"型模块的原因。

需要说明的是，由于本书研究的对象为国内中小城市，其人均GDP 与高等收入国家人均 GDP 悬殊巨大。因此，基于现实情况及研究需要，本书对模型进行了简化处理——暂时将发展成熟度划分为五个星级。当然，这并不意味着五星级就是城镇化发展成熟度的最高层次。未来，随着城镇化的推进，还会有六星、七星，甚至成熟度更高的城市出现。因此，图 4 - 1 中所呈现的五星阴影区域只是本模型的一部分。

4.1.2　城镇化发展质量

城镇化发展质量，指的是经济发展与福利分配的均衡协调程度。在现实中，各地区面临的状况复杂多变，经济发展与福利分配绝对均衡的状况基本只能是一种理论上的假定。换句话说，绝对理想的、恒斜率的城镇化发展路线基本不可能存在。最常见的情况往往是城市首先集中力量发展经济，等经济发展到一定阶段再加大民生投入。在大力发展经济的时候，经济迅猛发展，增速较高；在集中民生建设的时期，福利水平显著提高，经济发展可能略有回落。现实中理想的城镇化发展路线形状可能是曲折上升的螺旋式曲线。因此，本书构建了一个"质量基准区间带"，允许城镇化发展存在一定幅度上的偏离。

对于区间范围的数值确定，本书借鉴了吴季松（2013）确立的新型城镇化指标体系的评价标准。吴季松认为，对于单位土地GDP 产值、人均 GDP 等指标，在城镇化过程中应保证不降低，新建城镇在城镇化初期允许下浮 15%。因此，本书在绝对理想的城镇化路线的基础上上下各浮动 15%，绘制了一个较为理想的、可接受的"质量基准区间带"。落在"质量基准区间带"内的城镇，城镇化的质量是健康的、良性的；落在"质量基准区间带"外的城镇，要么经济超前发展，要么福利超前分配，这两者的状态都是不可持续的。

此外，根据样本城镇在经济水平和福利水平维度上的发展状况，可以确定其在模型中的位置，我们将这一点命名为"质量 EW 标点"。将某地区或城市质量 EW 标点与质量基准区间带进行比较，则可以判断该地区或城市的质量状态。即质量 EW 标点越接近质量基准区间带，城镇化发展质量越佳；质量 EW 标点越远离质量基准区间带，质量越差。

4.1.3　城镇化发展成熟度与质量的关系

从内涵上看，发展成熟度描述的是城镇化发展所达到的阶段状态。只有经济发展水平与福利分配水平都处于较高星级区间，该地区或城市最终的发展成熟度等级才会较高。而城镇化的质量强调的是"质量 EW 标点"与城镇化均衡状态的偏离情况。除城市的智力与技术能力外，它更多取决于城市居民对生活品质的心理感受，取决于人的判断，是"以人为本"的新型城镇化理念的体现。

对于发展成熟度和质量两者的关系，这里要强调的是，发展成熟度高的城市并不代表其城镇化发展质量一定是优；同样，发展成熟度低的城市也不代表着其城镇化发展质量就差。这一点运用马斯洛需求层次理论可以很好地解释。随着经济的发展，人们的需求也会随之增加。倘若较高水平的经济发展不能满足日益增长的居民需求，那么居民对城镇化发展质量的感受可能就是负面的。例如，经济高度发达的大城市，存在的交通拥堵、教育医疗资源紧张、环境空气污染、贫富差距悬殊现象，往往降低了当地居民的幸福感，那么其城镇化的质量则欠佳。相反，有些地区或城市的发展成熟度虽然处于较低水平，但是人们的需求得到较好的满足，竞争压力小、生活节奏适中，与周围人群没有太大差距，人们的幸福感反而较高，很明显，这样的城镇化发展质量是较优的。所以说，本书中的城镇化发展质量是民本思想下的，而非官本思想下的概念。

4.1.4　城镇化质量状态

对于单体城镇而言，本书将偏重经济发展的城镇化质量状态命名为"E状态"，将偏重福利分配的城镇化质量状态命名为"W状态"。无论是"E状态"还是"W状态"，都属于城镇化发展失衡的状态，其城镇化的发展成熟度最终都会受到短板的制约。

由于图4-1旨在描述M-Q理论模型的思想，不具有数学上的精度，其所描绘的城镇化理想发展路线亦只停留在概念层面。在实际运用时，通过将模型定量化，可得到质量基准区间带。这样，从模型上看，在质量基准区间带左上方的点，代表的是经济超前发展的情况；在质量基准区间带右下方的点，代表的是福利过度分配的情况。通过分析EW质量标点的分布情况，可以发现中国城镇化发展质量在总体上的倾向性。

我们用 E_1、E_2、$\cdots$、E_m 表示处于质量基准区间带左上方的质量EW标点；用 W_1、W_2、$\cdots$、W_n 表示处于质量基准区间带右下方的质量EW标点。用 Q_{mn} 表示城镇化发展质量倾向系数，其公式为：

$$Q_{mn} = m/n$$

当 $Q_{mn} > 1$ 时，经济超前发展的城镇数量大于福利过度分配的城镇数量，说明城镇化发展质量在总体上呈现出"E倾向"；当 $Q_{mn} < 1$ 时，经济超前发展的城镇数量少于福利过度分配的城镇数量，说明

城镇化发展质量在总体上呈现"W 倾向";当 $Q_{mn}=1$ 时,经济超前发展的城镇数量等于福利过度分配的城镇数量,说明当前不存在明显占主导地位的城镇化发展质量倾向。

4.1.5　质量偏离程度

当然,除了了解城镇化发展质量倾向外,我们还可以进一步计算单体城镇的城镇化质量与理想路线的偏离程度。本书认为,对经济水平超前发展的城镇,应该计算其福利水平与理想路线的偏离程度;反之,对于福利水平超前发展的城镇而言,则应该计算其经济水平与理想路线的偏离程度。在此基础上,我们还可以计算每年"E 状态"城镇的福利向好速率以及"W 状态"城镇的经济向好速率。

需要说明的是,落在质量基准区间带内的城镇并不代表没有质量偏离(除非在理想路线上),只是偏离程度较小。因此,在计算质量偏离程度时,我们以理想路线为界,理想路线左上方的质量标点都纳入"E 状态"的计算范围;理想路线右下方的质量标点都纳入"W 状态"的计算范围。

假定 A $(x_{it},\ y_{it})$ 为 T 时期经济水平超前发展的质量 EW 标点,$\hat{x}_{it}$ 为 y_{it} 对应的拟合曲线上的拟合值,则 A $(x_{it},\ y_{it})$ 的质量偏离程度为:

$$Q_{it} = (\hat{x}_{it} - x_{it})/\hat{x}_{it} \times 100$$

那么,所有属于"E 状态"的样本城镇的偏离程度之和则为:

$$Q_{Et} = \sum_1^m Q_{it}$$

"E 状态"城市福利向好速率为:

$$q_e^w = (Q_{Et+1} - Q_{Et})/Q_{Et}$$

当 $q_e^w < 0$，表示福利改善，短板效应减小；而当 $q_e^w > 0$，则表示经济发展与福利分配的差距进一步扩大，短板效应增加。

反之，假定 B（x_{jt}，y_{jt}）为福利过度分配的质量 EW 标点，$\hat{y}_{jt}$ 为 x_{jt} 对应理想路线上的拟合值，则 B（x_{jt}，y_{jt}）的质量偏离程度为：

$$Q_{jt} = (\hat{y}_{jt} - y_{jt})/\hat{y}_{jt} \times 100$$

那么，所有属于"W 状态"的样本城镇的总体偏离程度则为：

$$Q_{Wt} = \sum_1^n Q_{jt}$$

"W 状态"城市经济向好速率为：

$$q_w^e = (Q_{Wt+1} - Q_{Wt})/Q_{Wt}$$

当 $q_w^e < 0$，表示经济发展，短板效应减小；而当 $q_w^e > 0$，则表示福利分配与经济发展的差距进一步扩大，短板效应增加。

T 时期，所有样本城镇的总体偏离程度为：

$$Q_{EWt} = Q_{Et} + Q_{Wt} = \sum_1^m Q_{it} + \sum_1^n Q_{jt}$$

Q_{EWt} 是城镇化发展质量变化的晴雨表，可以反映城镇化进程中质量的变化情况。因此，本书将其命名为"城镇化发展质量偏离指数"。未来，通过定期跟踪，发布 Q_{Et}、Q_{Wt}、Q_{EWt}、q_e^w、q_w^e 的数据，有助于决策者更好地把脉城镇化发展质量。

4.2　M－Q 应用模型

诚然，前面介绍的 M－Q 模型还停留在理论构想上，若想将模型运用到样本城镇的实证分析中，必须先明确模型的刻度标准，并确定质量基准区间带。因此，本节的主要目的是将"M－Q 理论模型"转化为"M－Q 应用模型"。

4.2.1　经济水平刻度标准确定

马克思在《资本论》中曾说道："工业较发达的国家向工业较不发达国家所显示的，只是后者未来的景象。"因此，本书选取了世界银行公布的不同收入等级国家的人均 GDP 作为经济水平上的刻度划分标准，以国际标准衡量样本城镇在全球范围内的经济发展情况。具体方法是以不同收入等级分别对应不同的经济发展星级，各星级的刻度数值由某一年份的具体数据确定。表 4 - 1 是世界银行公布的 2005 ~ 2012 年不同收入等级国家的人均 GDP。

表 4 - 1　　　2005 ~ 2012 年不同收入等级国家的人均 GDP　单位：美元

年份	2005	2006	2007	2008	2009	2010	2011	2012
低收入国家人均 GDP	339	364	418	485	507	538	585	635
中低等收入国家人均 GDP	900	1 054	1 281	1 403	1 414	1 755	1 956	1 995
中等收入国家人均 GDP	1 937	2 255	2 749	3 239	3 189	3 831	4 399	4 583
中高等收入国家人均 GDP	2 974	3 467	4 241	5 118	5 021	5 989	6 959	7 314
高等收入国家人均 GDP	30 063	31 697	34 585	36 685	33 916	35 564	38 337	38 389

资料来源：世界银行。

不过，表 4 - 1 的数据是以美元作为计量单位。为了对冲汇率变动，使数据具有可比性，本书收集了国家统计局公布的 2005 ~ 2012 年人民币对美元汇率的年平均价，见表 4 - 2。

表 4 – 2　　　2005 ~ 2012 年人民币对美元汇率（年平均价）

年份	2005	2006	2007	2008	2009	2010	2011	2012
人民币对美元汇率	8.19	7.97	7.60	6.95	6.83	6.77	6.46	6.31

资料来源：国家统计局。

　　为计算统计方便，按照人民币对美元的汇率，本书对世界银行公布的 2005 ~ 2012 年不同收入等级国家人均 GDP 进行了换算，得到了以元为计量单位的 2005 ~ 2012 年不同收入等级国家的人均 GDP，结果见表 4 – 3。

表 4 – 3　　　2005 ~ 2012 年不同收入等级国家的人均 GDP　　　单位：元

年份	2005	2006	2007	2008	2009	2010	2011	2012
低收入国家人均 GDP	2 776	2 901	3 177	3 371	3 463	3 642	3 779	4 007
中低等收入国家人均 GDP	7 373	8 400	9 743	9 746	9 659	11 883	12 634	12 595
中等收入国家人均 GDP	15 866	17 979	20 904	22 493	21 787	25 931	28 413	28 931
中高等收入国家人均 GDP	24 365	27 637	32 247	35 542	34 299	40 540	44 947	46 168
高等收入国家人均 GDP	246 216	252 625	262 846	254 961	231 646	240 768	247 657	242 235

　　考虑到中国中小城市的实际发展水平与高等收入国家的发展水平存在着巨大差距，因此，本书舍弃了高等收入国家人均 GDP 的数据，选取了表 4 – 3 中的低收入国家、中低等收入国家、中等收入国家和中高等收入国家的人均 GDP 作为一星、二星、三星、四星、五星的刻度划分标准，将经济水平划分为五个星级区间。

以 2012 年为例，我们可以确定星级划分标准与人均 GDP 的一一对应关系（见表 4 - 4）。

表 4 - 4 　　　　　　　　　　2012 年人均 GDP 星级标准

星级	人均 GDP（元）
一星	≤4 007
二星	（4 007，12 595]
三星	（12 595，28 931]
四星	（28 931，46 168）
五星	≥46 168

至此，我们完成了模型中纵轴所代表的经济水平的星级区间划分。

4.2.2　福利水平刻度标准确定

福利水平维度包含了居民人均可支配收入、城镇人均住房面积、万人拥有卫生技术人员、单位 GDP 能耗、人均水资源拥有量和人均拥有绿地面积六个指标。由于每个指标对应的刻度标准不一，需要经过一些技术处理才能得到福利水平上综合的刻度标准。本书的处理方法是：

首先，结合国内外的理论成果及国内发展现状，确定每个指标的刻度划分标准，并将其与星级区间一一对应；

其次，将每个指标的五星级下限值设置为"100"，将其他星级刻度值参照该值进行数据转换，该过程的目的在于消除各个指标不同的数量级和单位的影响；

再其次，根据研究及调查问卷结果，对各指标进行权重分配；

最后，对各指标各星级的刻度标准做加权处理，得到新的综合刻度标准，对福利水平进行星级区间的划分。

1. 各指标刻度标准确定

（1）居民人均可支配收入。

居民人均可支配收入是决定居民能够享有的商品和服务状况的基础因素，直接并显著地影响着居民的生活质量与满意度，因而是考察福利水平的重要标准之一。在本模型中，"居民人均可支配收入"包含城镇和农村两方面的情况。但国家统计局在2014年才首次发布了城乡住户调查一体化后的全国居民人均可支配收入数据，故需对2014年之前的数据进行技术处理，本书的处理方法如下：

居民人均可支配收入 = 城镇居民人均可支配收入 × 非农人口占比 + 农民人均纯收入 × 农业人口占比

对居民人均可支配收入的刻度标准，本书引用了国家公布的城镇居民人均可支配收入和农民人均纯收入的统计分组方法。

以2012年的情况为例，城镇居民人均可支配收入的中位数为21 986元，农民人均纯收入的中位数为7 917元，按收入五等份分组，分组情况和各组均值见表4-5。

表4-5　城镇居民人均可支配收入与农民人均纯收入分组　　单位：元

组别	城镇居民人均可支配收入	农民人均纯收入
高等收入组	51 456	19 009
中等偏上收入组	29 814	10 142
中等收入组	22 419	7 041
中等偏下收入组	16 761	4 807
低等收入组	10 354	2 316

资料来源：辽宁省宏观经济预警预测中心。

考虑到城镇人口与农村人口在数量上存在差距，计算居民人均可支配收入总体均值时需要进行加权平均处理。例如，2012年，中国有城镇人口 69 079 万人，农村人口 65 656 万人，城镇与农村人口比例为 0.512∶0.488，那么该年居民人均可支配收入在中等收入组的均值应为 22 419 × 0.512 + 7 041 × 0.488 = 14 915（元）。同理，可计算各组数值，初步分组的结果见表 4 − 6。

表 4 − 6　　　　　　2012 年居民人均可支配收入分组　　　　单位：元

组别	居民人均可支配收入
高等收入组	35 622
中等偏上收入组	20 217
中等收入组	14 915
中等偏下收入组	10 928
低等收入组	6 431

从我们搜集的样本数据来看，高等收入组多集中在一线城市，对研究中小城市意义不大，故本书未将其引入模型。最终，本书确定居民人均可支配收入的星级划分标准见表 4 − 7。

表 4 − 7　　　　　2012 年居民人均可支配收入星级标准　　　单位：元

星级	居民人均可支配收入
一星	≤6 431
二星	(6 431, 10 928]
三星	(10 928, 14 915]
四星	(14 915, 20 217)
五星	≥20 217

（2）城镇人均住房面积。

城镇人均住房面积是新型城镇化的重要指标，能够从人居角度反映社会发展对人民居住需求的满足程度。然而，目前国家对该指标尚未制定明确的规定或要求。因此，本书参考了廉租房申请标准和我国中长期规划目标，以确定较好和较差的水平。在我国，申请廉租房的标准之一为"申请人无房或自有住房人均面积低于15平方米"，可见人均居住面积15平方米被认为是较差的居住环境。另外，我国制定的"全面建成小康社会的十个标准"之一为"城镇人均住房面积不低于30平方米"，说明人均住房面积达到30平方米即可被认为是较好的居住条件。此外，本书还通过大量访谈，大致了解了不同收入水平人群对人均住房面积的预期情况，最终确定了城镇人均住房面积指标的星级划分标准，见表4-8。

表4-8　　　　　　城镇人均住房面积星级标准　　　单位：平方米

星级	城镇人均住房面积
一星	≤15
二星	(15，20]
三星	(20，25]
四星	(25，30)
五星	≥30

（3）万人拥有卫生技术人员。

该指标能够体现出城市医疗福利保障的充裕程度。根据国家统计年鉴公布的信息，"卫生技术人员"应包括执业医师、执业助理医师、注册护士、药剂人员、检验人员及其他人员。其中，执业医师与执业助理医师都属于"医生"范畴，医生与护士构成了卫生技术人员的主体。然而，卫生部目前尚未对城市卫生技术人员的配备标准做出规定，国内学术界对该指标标准的研究也寥若晨星。

本书在寻找国外官方标准时发现，世界银行虽未使用"卫生技术人员"这一概念进行统计，但对不同收入等级国家的"千人拥有医生"和"千人拥有护士"数量有所界定。表4-9是世界银行公布的具体数据，分析发现，仅有2010年的数据相对完整，为了保证数据真实，这里只得引用 2010 年的情况。

表 4 – 9　　　不同收入国家千人拥有医生、护士数　　　单位：人

国家分级	千人拥有医生数	千人拥有护士数
低收入国家	0.2	0.5
中低等收入国家	0.8	1.8
中等收入国家	1.3	2.2
中高等收入国家	1.8	2.7
高收入国家	3.0	8.4

资料来源：世界银行。

实际上，由指标定义可以发现，若将这两个指标换算成"万人"口径之后再加总，则与中国使用的"万人拥有卫生技术人员"指标的构成主体非常接近。根据我们搜集数据的实际情况，此处依然需要舍弃高收入国家的数值。最终确定将该指标在 2012 年的星级划分标准见表 4 – 10。

表 4 – 10　　　2012 年万人拥有卫生技术人员数星级标准　　　单位：人

星级	万人拥有卫生技术人员数
一星	≤7
二星	(7, 26]
三星	(26, 35]
四星	(35, 45)
五星	≥45

（4）单位 GDP 能耗。

单位 GDP 能耗，即能源强度，指在一定时期内，每万元地区生产总值所消耗的能源，它反映了城镇化过程中经济发展方式转变与循环经济实施的状况。单位 GDP 能耗，一方面指的是能源利用效

率，反映技术的进步；另一方面则是污染对环境质量的影响。近年来，雾霾已经深深影响居民生活的幸福指数，居民对生活环境的要求越发迫切。本书选取单位 GDP 能耗作为福利水平的指标之一，主要用以衡量环境污染对居民福利的影响。

世界银行对"GDP 单位能源消耗"（energy consume per unit of GDP）以购买力平价美元和千克石油量来统计，而中国对该指标的计量单位为"吨标准煤/万元"。因此，此处不能使用世界银行公布的数据来构建星级。本书在大量了解关于能源强度与能源效率的研究后，认为董锋（2010）采用的对中国能源强度和人均 GDP 进行地域聚类的方法既符合中国国情，又能体现质量等级。

董锋使用了聚类分析方法将中国 30 个省（西藏统计数据暂缺）划分为 4 个区域：Ⅰ类——经济比较发达且能效较高地区；Ⅱ类——经济比较落后但能效较高地区；Ⅲ类——经济比较发达但能效较差地区；Ⅳ类——经济比较落后且能效较差地区。采用的度量函数为欧式距离函数，具体方法为先分别找出 30 个省的能源强度和人均 GDP 的中位数，然后以能源强度和人均 GDP 的中位数作为分割线进行聚类。

通过聚类分析，该研究得出了区域划分的初步结果。本书通过统计年鉴公布的各省份单位 GDP 能耗数据，并结合上述的区域划分结果，计算求得各类区域的平均数值。由于这种分类方式本身已经带有质量等级的区别，故其对我们进行星级标准的划分是有意义的。

需要说明的是，在我们整理样本城镇数据的过程中，发现大部分地区 2012 年的数据存在缺失。因此，此处选用了 2010 年（由于"十二五"规划，各地的数据披露较充分）的数据进行替代，以确保数据全面。详细的分类情况及指标数值见表 4 – 11。

表 4－11　　　　　　　　　聚类结果及平均数值

类别	包含省份	单位 GDP 能耗均值 （吨标准煤/万元）
Ⅰ类	北京、天津、上海、江苏、浙江、福建、山东、广东	0.755
Ⅱ类	安徽、江西、河南、湖南、广西、海南、陕西	1.010
Ⅲ类	河北、内蒙古、辽宁、吉林、黑龙江	1.436
Ⅳ类	湖北、重庆、四川、贵州、云南、甘肃、青海、宁夏、新疆	1.860

　　资料来源：《中国统计年鉴》；董铎，《中国能源效率及能耗问题研究》，南京航空航天大学博士论文，2010 年。

　　综上所述，本书将单位 GDP 能耗量的星级标准最终确定（见表 4－12）。

表 4－12　　　　　　　　单位 GDP 能耗星级划分标准

星级	单位 GDP 能耗（吨标准煤/万元）
一星	$\geqslant 1.860$
二星	（1.436，1.860）
三星	（1.010，1.436］
四星	（0.755，1.010］
五星	$\leqslant 0.755$

　　（5）人均水资源拥有量。

　　人均水资源拥有量，一方面反映水资源对城市发展的承载能力；另一方面反映了水资源对生活品质的保障情况，是城市宜居水平的一种体现。

　　对于丰水和缺水标准，之前国际上比较流行的是"富肯马克"指标，具体划分标准见表 4－13。

表 4 – 13   富肯马克的水紧缺指标

紧缺性	人均水资源拥有量（立方米/人）
富水	> 1 700
用水紧张	(1 000, 1 700]
缺水	(500, 1 000]
严重缺水	≤ 500

不过，表 4 – 13 的划分方式线条较粗。因此，本书使用的是吴季松（2013）建立的新丰水、缺水标准。该标准是吴教授 1992 年在联合国教科文组织任职时，以 46 个国家的 852 个案例的统计平均值情况为基础建立的（见表 4 – 14）。

表 4 – 14   吴季松的新丰水、缺水标准

紧缺性	人均水资源拥有量（立方米/人）
丰水	> 3 000
轻度缺水	(2 000, 3 000]
中度缺水	(1 000, 2 000]
重度缺水	(500, 1 000]
极度缺水	(300, 500]
维系可持续发展的最低标准	≤ 300

结合实际情况，本书最终确定了人均水资源拥有量的星级划分标准（见表 4 – 15）。

表 4 – 15   人均水资源拥有量星级标准

星级	人均水资源拥有量（立方米）
一星	≤ 300
二星	(300, 500]
三星	(500, 1 000]
四星	(1 000, 2 000)
五星	≥ 2 000

（6）人均拥有绿地面积。

该指标指的是城镇规划区内绿地面积与人口数量之比，能够反映出居民是否享有绿色的城市生活及充裕的城市休闲空间。吴季松（2013）曾提出过其约束性指标是 15~50 平方米/人，但这个数值范围太大。此处我们借鉴了姜永生（2011）关于城市居住水平的预警标准研究，该研究结合了 PCA 与模糊物元理论，构建了城市居住水平预警模型，并以国内 35 个城市为例，对城市居住水平进行了评价。其中，关于人均绿地面积的标准见表 4-16。

表 4-16　　　　　　　　人均绿地面积预警标准

警度	人均绿地拥有面积（平方米）
无警	12
轻警	10
中警	8
重警	2

资料来源：姜永生、李忠富、徐淑红，《基于模糊物元理论的城市居住水平预警研究》，载于《软科学》2011 年第 6 期。

综合对国内城镇该指标数据的整理，最终确定的星级划分标准见表 4-17。

表 4-17　　　　　　　　人均拥有绿地面积星级标准

星级	人均拥有绿地面积（平方米）
一星	≤2
二星	(2，8]
三星	(8，10]
四星	(10，12)
五星	≥12

至此，我们确定了模型中所有指标的评价标准。

2. 各指标权重分配

本模型中，横轴代表的福利水平涵盖了多个综合指标，需要对每个指标分配权重。本书根据指标的重要性及访谈调查结果，分别赋权见表 4 – 18。

表 4 – 18 福利指标权重分配

序号	指标名称	权重分配（%）
1	居民人均可支配收入（元）	40
2	城镇人均住房面积（平方米）	20
3	万人拥有卫生技术人员（人）	15
4	单位 GDP 能耗量（吨标准煤/万元）	10
5	人均水资源拥有量（立方米）	9
6	人均拥有绿地面积（平方米）	6

3. 福利水平刻度标准划分

在实际运用模型时，需要对某市（县）的福利水平进行综合考量，而不是对每个指标分别评价。横轴包含 6 个不同权重和单位的指标，在处理上有两个难点：一是要消除指标单位和数量级差异的影响；二是要保证处理之后仍能真实体现出原始数据在数量水平上的差距。因此，对横轴刻度标准的处理过程相对复杂，下面进行详细阐述。

本书采取了设置基数值将原始数据等比例进行转化的方法。由于五星级代表的是现阶段模型中较高的城镇化成熟度，故我们将各个指标的五星级下限值设定为 100。需要说明的是，这里的 100 并不代表满分、最高分，只是为了数据处理方便，是转化的基准值。之后，用各个星级的区间限值除以五星级下限值，再乘以 100，即得到了每个星级新的区间限值。这种处理方法的优点是：既能使各项指标得分可以加总，又能真实体现出数量上的差距。计算公式为：

$$n_j = \frac{x_j}{x_{j\max}} \times 100$$

　　其中 n_j 为所求的第 j 个指标转换为分数后的值，x_j 为第 j 个指标在各星级上的区间数值，$x_{j\max}$ 为第 j 个指标的五星下限值。例如，在对居民人均可支配收入进行处理时，参照表 4-7 的标准，该指标的五星级下限为 20 217 元，因此 $x_{j\max}$ = 20 217，如要将二星区间的下限转换为分数，代入公式计算即应为 6 431 ÷ 20 217 × 100 = 32。同理，可将各个区间的限值由带有单位的原始数据转换为分数。这样，居民人均可支配收入的评价标准亦可用表 4-19 来表示。

表 4-19　　　　　　　　居民人均可支配收入星级标准

星级	分数
一星	≤32
二星	(32, 54]
三星	(54, 74]
四星	(74, 100)
五星	≥100

　　以此类推，可将横轴包含的 6 个指标全部进行分数转换。此时，指标之间已经不存在统计单位和数量级的差异。因此，可以根据指标权重，计算这 6 个指标在不同星级区间上的区间限值的加权平均数，这些数值即构成了福利水平上的综合的星级划分标准，结果见表 4-20。

表 4-20　　　　　　　　福利水平星级划分标准

星级	福利类指标总分
一星	≤32
二星	(32, 55]
三星	(55, 75]
四星	(75, 100)
五星	≥100

至此，本书完成了城镇化发展成熟度与质量模型中星级划分标准的确立，这使模型不再停留于理论层面上的探讨，还具备了实证分析的基础。

4.2.3　模型定量化处理

在上两个小节中，我们确定了经济水平与福利水平各自的刻度划分标准。本小节，我们将运用二星、三星、四星、五星临界点的刻度数值进行拟合，得到代表较为理想的城镇化发展路线的拟合曲线，并在此基础上，绘制质量基准区间带，以及一星区间到五星区间的"L型模块"。

坐标点（32，4 007）、（55，12 595）、（75，28 931）和（100，46 168）分别是由经济水平与福利水平的二星、三星、四星、五星区间的限值构成的组合，因此代表的是经济发展与福利分配达到均衡的状态。本书利用 SPSS 17.0 软件对这四个点进行拟合，考虑了线性及幂函数两种情况，结果见图 4-2。

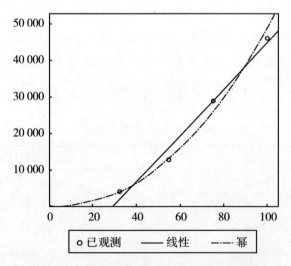

图 4-2　线性函数与幂函数拟合效果

从参数估计结果来看，两者的拟合程度都比较高，线性模型和幂函数都能满足研究的需要（见表 4 - 21）。

表 4 - 21　　　　　　　　模型的参数估计值比较

方程	模型汇总					参数估计值	
	R 方	F	df1	df2	Sig.	常数	b1
线性	0.980	98.424	1	2	0.010	- 18 808.089	637.150
幂	0.995	412.957	1	2	0.002	2.009	2.193

结合常识判断，本书最终选取了幂函数形式的拟合曲线。原因包括：一方面，恒斜率的城镇化发展路线基本不可能存在；另一方面，代表经济发展水平的人均 GDP 理论上是可以趋于无穷的，而人均占有资源（人均拥有绿地面积、城镇人均住房面积、人均水资源拥有量等）以及人们在城市生活中所体验到的幸福感和满足感，并不能像人均 GDP 那样无限地增长。在未来的某一时刻，由于边际效益递减规律的存在，人们的满足感甚至会停留在某一点，而不再因为人均占有资源的增加而产生更多幸福感。考虑一种极端的情况，地球上只有一个人，虽然他拥有无穷的土地、住房、水资源等，恐怕他只会觉得孤独与绝望，而不会是极大的满足。也许未来，人类享乐方式的变化发展会使幸福感冲破一个"瓶颈"，继续攀升。长远来看，城镇化发展的理想路线可能是若干个幂函数的台阶式的插接。但是，自现在起，在相当长的时期内，将是单一的幂函数。因此，本书认为，幂函数曲线的性质与形态更符合我们现阶段的研究需要。

综上所述，模型中拟合曲线的表达式应为：

$$\hat{y} = 2.009x^{2.193}$$

同时，根据质量基准区间带的定义——理想城镇化路线上下波动 15% 构成的区间，我们可以根据拟合曲线的公式得到两条区间线的表达式，并绘制图形。

$$y_{上} = 2.31x^{2.193}$$

$$y_{下} = 1.71x^{2.193}$$

最后，在模型上添加刻度标准数值的横、纵轴参考线，即可得到一个包含拟合曲线、质量基准区间带和星级区间的模型（见图4-3）。

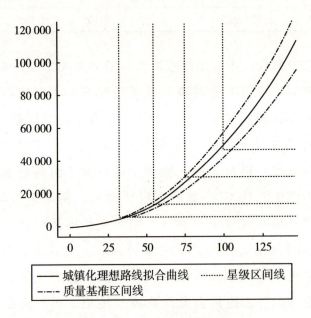

图 4-3 M-Q 应用模型

定量化后的 M-Q 模型已经具备数学上的精准度，可以进一步应用于样本城镇的实证分析中。

4.3 样本城镇实证分析

由于各个地区在数据披露充分性、完整性方面存在较大差异，本书在收集样本城镇社会、经济指标上遇到极大困难。以 2012 年样本城镇统计数据为例，经济发展方面的数据较易获取，而社会发展方面（尤其是生态文明等）的指标缺失严重。迫于数据来源的约束性，以及数据的精准性，本书结合了各地区统计年鉴、统计公报以及官方发布的其他含有指标数据的文件，最终整理了 23 个样本城镇相对完整的数据。虽然样本数量有限，但由于覆盖了八大经济区，因而对全国的情况仍具有一定意义。未来，等条件更加成熟，我们将采用分层抽样的方式，将样本城镇的数量扩容并固定为 100 个，以期以更翔实的数据反映八大经济区城镇化发展的状况。

4.3.1　样本城镇经济水平星级划分

首先，根据世界银行公布的不同收入等级国家人均 GDP 划分标准，对样本城镇的经济发展水平进行星级划分，得到结果见表 4 – 22。

表 4 – 22　　　　　　　　样本城镇经济水平星级划分结果

序号	经济区	城市	星级
1	东北地区	榆树市	三星级
2		珲春市	五星级
3	北部沿海	荣成市	五星级
4		胶州市	五星级
5		高碑店市	三星级
6	东部沿海	东海县	四星级
7		慈溪市	五星级
8		余姚市	五星级
9		建德市	五星级
10		安吉县	五星级
11		苍南县	三星级
12		平阳县	四星级
13	南部沿海	福鼎市	四星级
14		尤溪县	四星级

序号	经济区	城市	星级
15	黄河中游	巩义市	五星级
16		华阴市	三星级
17	长江中游	浏阳市	五星级
18		应城市	四星级
19	西南地区	仁怀市	五星级
20		个旧市	四星级
21		永德县	二星级
22	大西北	昌吉市	五星级
23		灵武市	五星级

资料来源：各地统计年鉴、统计公报；"十二五"规划及各地官方公布资料。

4.3.2　样本城镇福利水平星级划分

其次，对样本城镇的福利水平进行星级划分。在 4.2 节中，本书已经介绍了将具体指标的区间限值转换为分数的计算方法，同样的方法也适用于处理单体样本城镇的数据，计算公式如下：

$$n_{ij} = \frac{x_{ij}}{x_{j\max}} \times 100$$

其中，n_{ij} 为所求的第 i 个样本在第 j 个指标上的分数，x_{ij} 为该样本在该指标上的原始数据，$x_{j\max}$ 代表该指标在五星上的下限值。例如，苍南县 2012 年的居民人均可支配收入为 15 693 元，那么这个水平对应转换的分数即为 15 639 ÷ 20 217 × 100 = 31，苍南县在人均可支配收入这项指标上的得分为 31 分。以此类推，可计算出各样本城镇在福利水平维度上各项指标的得分，并求出每个样本城镇最终的加权总分。

将总分与表 4 - 20 的标准对照，即可判定出样本城镇在福利水平上的星级划分结果，具体见表 4 - 23。

表 4 - 23　　　　　　　　样本城镇福利水平星级划分结果

序号	经济区	城市	指标1得分	指标2得分	指标3得分	指标4得分	指标5得分	指标6得分	总分	星级
1	东北地区	榆树市	23	18	5	8	3	3	60	三星级
2		珲春市	28	16	22	1	43	6	115	五星级
3	北部沿海	荣成市	45	25	24	10	3	13	119	五星级
4		胶州市	33	19	14	13	1	6	86	四星级
5		高碑店市	25	22	10	9	1	5	72	三星级
6	东部沿海	东海县	27	26	21	9	3	8	94	四星级
7		慈溪市	47	28	24	10	2	6	117	五星级
8		余姚市	44	25	20	10	4	5	107	五星级
9		建德市	34	22	18	6	16	5	102	五星级
10		安吉县	40	29	19	16	15	7	126	五星级
11		苍南县	31	35	14	10	4	5	100	五星级
12		平阳县	28	36	16	13	6	5	103	五星级
13	南部沿海	福鼎市	28	21	10	14	14	6	93	四星级
14		尤溪县	22	28	10	4	16	5	86	四星级
15	长江中游	浏阳市	34	26	15	10	2	6	92	四星级
16		应城市	22	22	12	4	3	5	67	三星级
17	黄河中游	巩义市	28	25	16	5	1	8	83	四星级
18		华阴市	27	25	12	1	2	4	70	三星级
19	西南地区	仁怀市	16	21	4	15	7	4	67	三星级
20		永德县	12	22	4	8	19	5	69	三星级
21		个旧市	25	20	24	3	3	5	80	四星级
22	大西北	昌吉市	32	20	14	4	7	5	82	四星级
23		灵武市	28	20	13	5	3	10	78	四星级

　　注：指标1为"居民人均可支配收入"；指标2为"城镇人均住房面积"；指标3为"万人拥有卫生技术人员"；指标4为"单位GDP能耗"；指标5为"人均水资源拥有量"；指标6为"人均拥有绿地面积"。

4.3.3　样本城镇发展成熟度划分

完成经济水平和福利水平维度上的星级区间划分后，就可以确定样本城镇在模型中的位置，得到质量 EW 标点的分布见图 4-4。

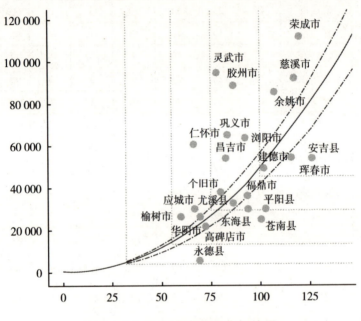

图 4-4　样本城镇实证分析结果

从图 4-4 中，我们可以直观地看到样本城镇的发展成熟度与质量状况。

（1）发展成熟度。

从星级分布情况来看，在 23 个样本城镇中，城镇化发展成熟度达到五星级的有 6 个，占样本总数的 26.1%，分别是荣成市、慈溪市、余姚市、珲春市、建德市和安吉县；发展成熟度为四星级的有 10 个，占样本总数的 43.5%，分别是灵武市、胶州市、巩义市、昌吉市、浏阳市、个旧市、福鼎市、尤溪县、平阳县和东海县；发展成熟度为三星级的有 6 个，占样本总数的 26.1%，分别是仁怀市、应城市、榆树市、华阴市、高碑店市和苍南县；发展成熟度为二星级的有 1 个，为永德县，占样本总数的 4.3%（见图 4 - 5）。在我们的样本中没有出现发展成熟度为一星级的县市。

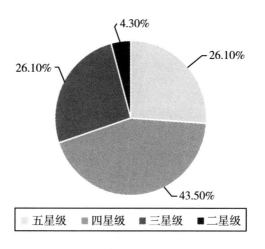

图 4 - 5　发展成熟度星级分布

从八大经济区分布来看，发展成熟度等级为五星的样本城镇中，东部沿海有 4 个，北部沿海和东部地区各 1 个；四星级中，东部沿海、南部沿海和大西北地区各 2 个，西南地区、长江中游、黄河中游和北部沿海地区各 1 个；三星级中，除大西北、南部沿海地区外，其他经济大区各 1 个；二星级中，西南大区有 1 个（见表4 - 24）。

表 4 - 24　　　　样本城镇发展成熟度星级划分结果

序号	经济区	城市	成熟度星级
1	东北地区	榆树市	三星级
2		珲春市	五星级
3	北部沿海	荣成市	五星级
4		胶州市	四星级
5		高碑店市	三星级

序号	经济区	城市	成熟度星级
6	东部沿海	东海县	四星级
7		慈溪市	五星级
8		余姚市	五星级
9		建德市	五星级
10		安吉县	五星级
11		苍南县	三星级
12		平阳县	四星级
13	南部沿海	福鼎市	四星级
14		尤溪县	四星级
15	黄河中游	巩义市	四星级
16		华阴市	三星级
17	长江中游	浏阳市	四星级
18		应城市	三星级
19	西南地区	仁怀市	三星级
22		永德县	二星级
23		个旧市	四星级
22	大西北	昌吉市	四星级
23		灵武市	四星级

经济发展与福利分配的失衡会造成短板效应，制约一个地区或城市的发展成熟度。从表4-24中可以看到，经济水平达到五星级的样本城镇共有12个，但在考虑了福利水平后，仅有6个样本的发展成熟度最终落入了五星级区间，这就是一个很好的例证。

（2）质量状态与质量倾向。

从图4-4中可以看到，共有5个样本城镇落入了质量基准区间带之内，占样本21.7%，分别是华阴市、高碑店市、尤溪县、福鼎市和建德市。因此，这5个样本城镇属于城镇化发展质量良好状态。

在质量基准区间带之外，共有 12 个样本城镇的质量 EW 标点落在质量基准区间带的左上方，占样本 52.20%，分别是榆树市、应城市、个旧市、昌吉市、仁怀市、巩义市、浏阳市、余姚市、胶州市、灵武市、慈溪市和荣成市。根据我们在 4.1.4 小节中对质量状态的定义，这 12 个样本城镇属于偏重经济发展的"E 状态"。另外，有 6 个样本城镇的质量标点落在质量基准区间带的右下方，属于福利过度分配的"W 状态"。这类城市占样本的 26.10%，分别是珲春市、安吉县、平阳县、东海县、苍南县和永德县。

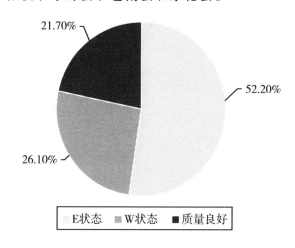

图 4 - 6　城镇化发展质量状态分布

按经济大区来看，结果见表 4 - 25。

表 4 - 25　　　　　　　　样本城镇的城镇化质量状态

序号	经济区	城市	质量状态（E/W）
1	东北地区	榆树市	E
2		珲春市	W
3	北部沿海	荣成市	E
4		胶州市	E
5		高碑店市	—

续表

序号	经济区	城市	质量状态（E/W）
6	东部沿海	东海县	W
7		慈溪市	E
8		余姚市	E
9		建德市	—
10		安吉县	W
11		苍南县	W
12		平阳县	W
13	南部沿海	福鼎市	—
14		尤溪县	—
15	黄河中游	巩义市	E
16		华阴市	—
17	长江中游	浏阳市	E
18		应城市	E
19	西南地区	仁怀市	E
20		永德县	W
21		个旧市	E
22	大西北	昌吉市	E
23		灵武市	E

注："E"表示偏重经济发展的城镇化质量状态；"W"表示偏重民生投入、社会建设等的城镇化质量状态；"—"表示处于质量基准区间带内，质量良好。

此外，根据4.1.4小节中给出的公式，计算E状态样本数量（m）与W状态样本数量（n）的比值，发现$Q_{mn}>1$。从图4-4中也可发现，多数质量EW标点落在了曲线上方且与曲线距离较大（如图中的灵武市、荣成市等），这在一定程度上反映了我国大多数城市的城镇化质量现状：经济发展水平明显超前于居民享有的福利水平，资源配置上对经济发展倾斜较大，对民生、环境的投入不足。撇开模型，也不难在现实中找到佐证。如有浓厚经商文化底蕴的温州市，经济发达，但城市道路破损较多，市政设施上的投入明显滞后于经济发展。因此可以说，"E 倾向"中中国现阶段城镇化进程中占主导地位的一种质量倾向。这既有客观上受社会主义初级阶段现实国情所限、受发展中国家的经济增长规律支配的因素，也不排除在一定程度上受城市管理者一味追求经济政绩、不重视民生建设的主观认识局限性的影响。

（3）质量 EW 标点的偏离程度。

质量 EW 标点越靠近理想的城镇化发展路线，则该市（县）的城镇化发展质量越佳。在本小节中，我们将在定性分析的基础上进一步考察质量标点与拟合曲线偏离程度的数量大小。具体的计算方法在 4.1.5 中已经解释过，在此不再赘述。

需要说明的是，落在质量基准区间带的样本城镇并不代表没有质量偏离（除非在拟合曲线上），只是偏离程度较小。因此，在计算样本城镇质量偏离程度时，我们以拟合曲线为界，拟合曲线左上方的质量标点都纳入"E 状态"的计算范围；拟合曲线右下方的质量标点，都纳入"W 状态"的计算范围。

从图 4 - 4 可见，共有 13 个样本城镇落入拟合曲线左上方的空间，这些样本城镇质量的总体偏离程度为：

$$Q_{Et} = \sum_{1}^{m} Q_{it} = 280.15$$

同理，共有 10 个样本城镇落入拟合曲线右下方的空间，这些样本城镇质量的总体偏离程度为：

$$Q_{Wt} = \sum_{1}^{n} Q_{jt} = 289.30$$

所有样本城镇的总体偏离程度为：

$$Q_{EWt} = Q_{Et} + Q_{Wt} = 569.45$$

以上算出的 Q_{Et}、Q_{Wt}、Q_{EWt} 是城镇化发展质量的晴雨表，可以反映城镇化进程中质量的变化情况。未来，通过定期跟踪及发布 Q_{Et}、Q_{Wt}、Q_{EWt} 的数据，有助于政策制定者在总体上把握当前城镇化发展质量的倾向及变化趋势。

4.4　指标数据公布设想

本模型对以下两方面的研究与实践具有重要意义。一是可以为地方政府、城市管理者了解城镇化发展现状、发现城镇化发展问题提供一个有效工具。通过本模型，可以测算该城镇的城镇化发展成熟度，了解当前城镇化发展质量状态，以及与理想城镇化发展路线的偏离程度。此外，通过逐年跟进，可以自查其在城镇化发展进程中的表现。二是有助于政策制定者在总体上把握中国现阶段城镇化的发展状况、质量倾向，掌握城镇化发展进程中的变化规律，并在此基础上预测未来的发展趋势。因此，我们殷切期待更多中小城市、小城镇能够公布更加全面、翔实的数据，支撑我们逐年跟进并公布发展成熟度与质量相关的指标数据，为研究人员、城市管理者及政策制定者等提供参考和决策依据。

4.4.1　城镇化发展质量倾向系数（Q_{mn}）

城镇化发展质量倾向系数（Q_{mn}），是指偏重经济发展的城镇数量与偏重福利分配的城镇化数量占比，这个指标表征的是样本城镇城镇化质量状态的分布情况。

我们用 E_1、E_2、$\cdots$、E_m 表示处于质量基准区间带左上方的质量 EW 标点；用 W_1、W_2、$\cdots$、W_n 表示处于质量基准区间带右下方的质量 EW 标点。用 Q_{mn} 表示城镇化发展质量倾向系数：

$$Q_{mn} = m/n$$

当 $Q_{mn} > 1$ 时，经济超前发展的城镇数量大于福利过度分配的城镇数量，说明城镇化发展质量在总体上呈现出 "E 倾向"；当 $Q_{mn} < 1$ 时，经济超前发展的城镇数量少于福利过度分配的城镇数量，说明城镇化发展质量在总体上呈现 "W 倾向"；当 $Q_{mn} = 1$ 时，经济超前发展的城镇数量等于福利过度分配的城镇数量，说明当前不存在明显占主导地位的城镇化发展质量倾向。

4.4.2　城镇化发展质量偏离指数（Q_{EWt}）

城镇化发展质量偏离指数（Q_{EWt}），指的是 T 时期 "E 状态" 城市和 "W 状态" 城市的总体偏离程度之和。通过对这个指标的跟踪公布，可以发现城镇化发展质量的变化趋势。Q_{EWt} 的理想值为 0。因此，Q_{EWt} 越小，城镇化发展质量越佳；反之，Q_{EWt} 越大，城镇化发展质量越差。

T 时期，"E 状态" 下所有样本城镇的偏离程度之和为：

$$Q_{Et} = \sum_1^m Q_{it}$$

T 时期，"W 状态" 下所有样本城镇的总体偏离程度则为：

$$Q_{Wt} = \sum_1^n Q_{jt}$$

T 时期，所有样本城镇的总体偏离程度为：

$$Q_{EWt} = Q_{Et} + Q_{Wt} = \sum_1^m Q_{it} + \sum_1^n Q_{jt}$$

4.4.3　"E 状态" 城市总体偏离程度及其福利向好速率（Q_{Et}, q_e^w）

Q_{Et} 指的是所有 "E 状态" 城市城镇化发展质量偏离程度之和，

反映了所有"E 状态"城市的城镇化质量与理想路线的偏离情况；而 q_e^w 指的是"E 状态"城市福利向好的速率。当 $q_e^w < 0$，表示福利改善，短板效应减小；而当 $q_e^w > 0$，则表示经济发展与福利分配的差距进一步扩大，短板效应增加。

假定 A (x_{it}, y_{it}) 为 T 时期经济水平超前发展的质量 EW 标点，$\hat{x}_{it}$ 为 y_{it} 对应的拟合曲线上的拟合值，则 A (x_{it}, y_{it}) 的质量偏离程度为：

$$Q_{it} = (\hat{x}_{it} - x_{it}) / \hat{x}_{it} \times 100$$

那么，所有属于"E 状态"的样本城镇的偏离程度之和为：

$$Q_{Et} = \sum_1^m Q_{it}$$

"E 状态"城市福利向好速率为：

$$q_e^w = (Q_{Et+1} - Q_{Et}) / Q_{Et}$$

4.4.4 "W 状态"城市总体偏离程度及其经济向好速率（Q_{Wt}，q_w^e）

同理，Q_{Wt} 指的是所有"W 状态"城市城镇化发展质量偏离程度之和，反映了"W 状态"城市的城镇化质量与理想路线的偏离情况；而 q_w^e 指的是"W 状态"城市经济向好的速率。当 $q_w^e < 0$，表示经济发展，短板效应减小；而当 $q_w^e > 0$，则表示福利分配与经济发展的差距进一步扩大，短板效应增加。

假定 B (x_{jt}, y_{jt}) 为福利过度分配的质量 EW 标点，$\hat{y}_{jt}$ 为 x_{jt} 对应拟合曲线上的拟合值，则 B (x_{jt}, y_{jt}) 的质量偏离程度为：

$$Q_{jt} = (\hat{y}_{jt} - y_{jt}) / \hat{y}_{jt} \times 100$$

那么，"W 状态"下所有样本城镇的总体偏离程度则为：

$$Q_{Wt} = \sum_{1}^{n} Q_{jt}$$

"W 状态"城市经济向好速率为：

$$q_{w}^{e} = (Q_{Wt+1} - Q_{Wt})/Q_{Wt}$$

4.4.5　城镇化发展成熟度五星指数（M_5）

城镇化发展成熟度五星指数（M_5），是指五星级的样本城镇数量占样本总数的比例。

$$M_5 = 五星样本城镇数量／样本总数 \times 100\%$$

五星级是现阶段样本城镇中发展最好的城市，通过这个指标的跟进，可以动态了解中国城镇化发展成熟度与质量的变化态势。

4.4.6　单体城镇发展成熟度评价（m_i）

根据实际需要，对所研究的中小城市进行城镇化发展成熟度评价，分析每个单体城镇所处的星级，以及每个星级对应的城镇及其数量。城市管理者可以通过城镇发展成熟度评价自测其在城镇化进程中的表现情况，并制定针对性的政策和策略进行引导或纠偏。

4.4.7　单体城镇城镇化发展质量评价（q_i）

根据实际需要，对所研究的中小城市进行城镇化发展质量评价，分析每个单体城镇城镇化发展质量状态。其中，"E"表示经济超前发展的城镇化发展质量状态，"W"表示福利过度分配的城镇化发展质量状态，"—"表示处于质量基准区间带内，城镇化发展质量健康良好。

表 4 - 26   中小城市城镇化发展指标一览

指标名称	公式	定义
城镇化质量倾向系数（Q_{mn}）	m/n	评价城镇化发展质量的总体倾向性
城镇化发展质量偏离指数（Q_{EWt}）	$Q_{Et} + Q_{Wt}$	T 时期"E 状态"城市和"W 状态"城市的总体偏离程度之和
"E 状态"城市总体偏离程度及其福利向好速率（Q_{Et}、q_e^w）	$Q_{Et} = \sum_1^m Q_{it}$	T 时期所有"E 状态"城市城镇化发展质量偏离程度之和
	$q_e^w = (Q_{Et+1} - Q_{Et})/Q_{Et}$	"E 状态"城市福利向好的速率
"W 状态"城市总体偏离程度及其经济向好速率（Q_{Wt}、q_w^e）	$Q_{Wt} = \sum_1^n Q_{jt}$	T 时期所有"W 状态"城市城镇化发展质量偏离程度之和
	$q_w^e = (Q_{Wt+1} - Q_{Wt})/Q_{Wt}$	"W 状态"城市经济向好的速率
城镇化发展成熟度五星指数（M_5）	五星级样本城镇数量/样本总数×100%	城镇化发展最好的城镇占比，有利于追踪城镇化发展的变化趋势
单体城镇发展成熟度评价（m_i）	评价每个单体城镇的发展成熟状况	
单体城镇城镇化发展质量评价（q_i）	评价每个单体城镇的城镇化发展质量状态	

　　至此，我们完成了城镇化发展成熟度与质量模型的理论探索与实证分析。事实上，本书的模型只是抛砖引玉，尚有很多地方需要深入钻研挖掘，方法计算上也有待进一步完善。我们真诚期待读者的批评指正及宝贵建议。

第5章

城镇化发展模式初探

首先，对城镇化发展模式进行再思考并提出本书的新观点。当前文献对城镇化发展模式的定义较多，尚未形成共识，这种现象不利于对城镇化发展模式的深入研究。而且，文献多从城镇化发展的特征或结果进行分析，对城镇化发展模式的本质及形成过程关注较少。我们认为，城镇化发展模式应该着重对要素的利用及其作用机制进行研究，因此提出城镇化发展模式的新观点，即与城镇化发展相关的要素的组合、互动与利用的方式。

其次，探讨城镇化发展模式的影响因素。从"先天存在"和"后天建设"两个维度出发，分自然资源、地理区位、人文资源、基础设施、政策及策略五个方面探讨与城镇化的关系，并提出本书的一些见解。

最后，提出了城镇化"恒星要素"与"行星要素"的概念，并初步探讨了城镇化发展模式研究的新视角。城镇化发展模式新定义及其研究新视角的提出，主要为下一个课题"城镇化发展模式与驱动力研究"做好铺垫。

5.1　城镇化发展模式的新观点

目前在城镇化发展模式的界定上，学者尚未形成共识，这种现象不利于对城镇化发展模式的深入分析。当前文献主要从主导产业、经济发展的组织方式、要素结构性利用特点、人口转移方向、政府导向方面展开分析。

其中，按照主导产业划分，将发展模式划分为农业主导型、工业主导型、第三产业（服务业）主导型三种；按照经济发展的组织方式，将发展模式划分为集体经济主导型、民营经济主导型、外资经济主导型三种；按照要素结构性利用特点，将发展模式划分为资源禀赋驱动型、劳务经济型等；按照人口转移方向划分，将城镇化发展模式划分为就地城镇化和异地城镇化；按照城镇化进程中政府的作用、城镇化中的城乡关系，将发展模式划分为以美国为代表的自由式城镇化模式、以西欧为代表的政府调控下的市场主导型城镇化模式、以拉美和非洲部分国家为代表的过度城市化的城镇化模式、以日韩为代表的政府主导型空间聚集城镇化模式及城乡一体化模式等。

城镇化发展模式界定标准不一，容易造成理解上的混乱，甚至结论的差异。与当前文献从城镇化发展的结果或特征展开分析不同，本书认为，城镇化发展模式应该更加注重对要素的利用及其作用机制的分析。为此，本书提出城镇化发展模式的新观点，即与城镇化发展相关的要素的组合、互动与利用的方式。

5.2　城镇化发展模式影响因素分析

地理学认为，空间发展的不均衡很大程度上取决于天生条件或人类活动的差异，即"第一天性"或"第二天性"。克罗农（1991）将原料、气候特性、地表的崎岖不平程度、天然的运输方式等方面的天生差异称为"第一天性"；将人类活动改变第一天性后的差异称作"第二天性"。不过，本书以城镇化起点或研究时点展开分析，"第一天性"和"第二天性"理论无法全面地解释城镇化发展模式的差异，因此，本书提出了"先天存在"和"后天建设"的概念。

"先天存在"指的是某些地区或城市与生俱来的比较优势，这使得这些地区或城市与其他地区、城市站在不同的起跑线上展开竞赛。例如，煤炭资源丰富的山西、历史底蕴厚重的曲阜，以及具有良好基础设施和工业基础的东三省、地处沿海又具有商业文化传统的潮汕地区等。

"后天建设"则是通过后天基础设施的建设、政策及策略的倾斜，提高城镇的核心竞争力，从而吸引资本、人才等要素聚集，进而促进城镇化的发展。

根据先天存在和后天建设的内涵，本书将城镇化启动试点[①]前已客观存在的自然资源、人文资源、地理区位以及基础设施（本书将其定义为基础设施 I）界定为先天存在；将城镇化启动试点后建设的基础设施（本书将其定义为基础设施 II）、制定的政策及策略界定为后天建设。其中，自然资源、地理区位、基础设施是硬实力，人文资源、政策及策略是软实力。分析矩阵见图 5 –1。

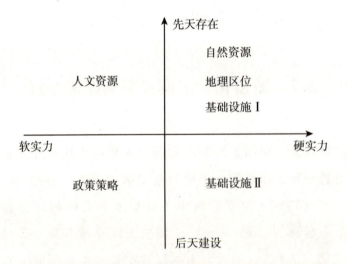

图 5 –1 先天存在、后天建设与软、硬实力分析矩阵

一般而言，先天存在对要素的吸纳和辐射能力是逐渐衰弱的。如果不通过后天建设给予加强，很有可能遭遇城市的衰落。如古丝

---

① 1984 年出台了第一个城市发展方针，因此本书将 1984 年界定为城镇化启动时点。

绸之路沿途的县市都曾是经济较为发达的区域，但随着海洋经济的崛起，陆上丝绸之路开始没落，商道周边的城市也随之衰落。再者，资源型城市经过一段时间的迅速发展，往往容易陷入"资源诅咒"的困境。城市从辉煌走向衰落和衰亡的事实，启发城市管理者要在先天存在的基础上不断加强后天建设，通过优势再造，保持对要素的吸纳聚集效应。

以下章节我们将按照城镇化与自然资源、城镇化与地理区位、城镇化与人文资源、城镇化与基础设施、城镇化与政策及策略五个方面对八大经济区进行横向比较，并提出本书的一些观点。

5.2.1 城镇化与自然资源

自然资源，《辞海》里的定义是：天然存在的自然物（不包括人类加工制造的原材料）并有利用价值的自然物，如土地、矿藏、水利、生物、气候、海洋等资源，是生产的原料来源和布局场所[①]。

联合国环境规划署认为，自然资源是在一定时间和技术条件下，能够产生经济价值，提高人类当前和未来福利的自然环境因素的总称。本书着重分析的自然资源主要包括土地、森林、水资源、气候、天然气、石油、煤炭、有色金属、非金属矿产等。

1. 土地、森林、水资源、气候

从土地、森林、水资源分布看，大西北地区、西南地区、黄河中游、长江中游和东北地区储量较高。这五者的土地面积占比之和高达90.4%，森林面积占比之和达84.9%，水资源面积占比之和达78.5%（见表5-1）。

---

① 参见中国城市低碳经济网（www.cusdn.org.cn）。

表 5 – 1　　　　　　　　八大经济区土地、森林、水资源比较

经济区	土地（万平方公里）		森林（万公顷）		水资源（亿立方米）	
	面积	占比（%）	面积	占比（%）	总量	占比（%）
东北地区	78.83	8.19	3 175.52	14.75	1 849.18	6.26
北部沿海	37.312	3.88	734.16	3.41	582.27	1.97
东部沿海	21.31	2.21	697.90	3.24	1 852.02	6.27
南部沿海	33.92	3.52	1 816.89	8.44	3 902.30	13.22
黄河中游	171.24	17.79	3 691.66	17.15	1 272.53	4.31
长江中游	70.69	7.34	2 860.69	13.29	5 678.18	19.23
西南地区	137.11	14.24	5 573.59	25.89	8 120.44	27.50
大西北	412.11	42.83	2 973.74	13.83	6 269.96	21.24

资料来源：国家统计局。

　　从土地面积来看，大西北占比高达 42.82%，但是创造的地区生产总值最低；而占比分别为 3.88%、2.21%、3.52% 的北部沿海、东部沿海、南部沿海却创造出了排名前列的地区生产总值（见图 5 – 2）。

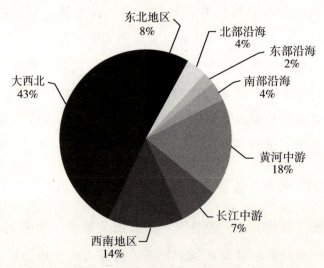

图 5 – 2　八大经济区土地面积占比

资料来源：国家统计局。

　　从森林面积来看，西南地区、黄河中游、东北地区占比分别为 25.89%、17.15%、14.75%，三个地区的占比总和接近 60%；经济

发达的东部沿海、南部沿海、北部沿海三者占比之和不足 16%（见图 5 - 3）。

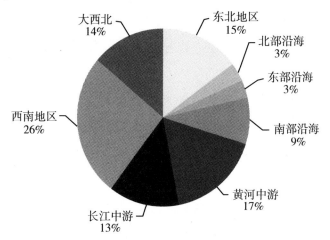

图 5 - 3　八大经济区森林面积占比

资料来源：国家统计局。

从水资源总量来看，西南地区、大西北地区、长江中游三者占比之和高达 60%，而北部沿海、东部沿海、南部沿海三者占比之和不足 22%（见图 5 - 4）。

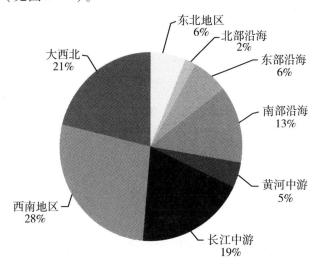

图 5 - 4　八大经济区水资源占比

资料来源：国家统计局。

城镇化与自然资源启示 1

从上述比较结果看，西南地区、大西北地区的土地、森林、水资源储量非常可观。而经济较为发达、城镇化率较高的东部沿海、北部沿海、南部沿海在土地、森林、水资源储量方面并不占据先天的自然资源优势。

然而，自然资源储量并不是人口分布的先决要素，自然环境条件（纬度、海拔、距海远近等）才是人口分布的关键所在。一般而言，中纬度、地势低和沿海位置对人口有明显的吸引力。就纬度而言，全球 90% 的人口居住在北半球，仅有 10% 的人口居住在南半球，其中，北半球又有 79.4% 的人口集中在北纬 20°～60° 的温带和亚热带地区。就海拔而言，全球 56.2% 的人口居住在海拔 200 米以下的地区，35.6% 的人口居住在海拔 200～1 000 米的地区。就距海远近而言，全球超过一半的人口居住在离海岸线 200 公里以内的地区。美国哥伦比亚大学气候研究中心和纽约亨特学院的专家们预测，到 2025 年，全球将有 35% 的人口会生活在距离海岸线 97 公里以内的区域。

从中国气候类型看，东北地区、北部沿海、黄河中游（除内蒙古外）基本属于温带季风性季候，四季分明，自东而西，降水量从 1 000 毫米降至 300 毫米以下；东部沿海、南部沿海、黄河中游、长江中游基本属于亚热带季风气候，季风显著，气温适中，光照较多，雨量丰沛，年降水量一般在 1 000～1 500 毫米；大西北地区主要是高原气候和高山气候，夏季炎热，冬季寒冷，年温差及日昼夜温差大，降水少；黄河中游地区的内蒙古属于温带大陆性气候，干燥少雨，冬冷夏热，温差很大。

根据"全球 90% 的人口居住在北半球，北半球又有 79.4% 的人口集中在北纬 20°～60° 的温带和亚热带地区"可以推断，中国大部分人口基本聚集在温带或亚热带区域。中国著名人口地理学家胡焕庸教授绘制的"黑河—腾冲"人口地理分界线更是印证了这一点。首先，"黑河—腾冲线"是一条人口分界线，占全国土地面积43%的东部地区，分布着全国94%的人口；而占全国土地面积57%的西部地区却只分布了6%左右的人口。其次，"黑河—腾冲线"还是一条自然地理线，它基本上和中国400毫米降水量线（半湿润区与半干旱区分界线）重合，两侧地理、气候迥异，是农耕和游牧文化的分水岭。

毋庸置疑，自然环境条件提供了人口分布的地理架构，而社会经济条件则决定了人口分布的格局。在农业社会，农耕占据主导地位，人口分布表现出土地依存型或农牧业依存型的特征，人口分布相对均衡、分散，人口密度往往取决于土地肥力与利用方式、作物种类、灌溉条件等因素。而在现代社会，工业、交通、贸易兴起，人口分布开始转向工业依存型，人口分布呈现出点、轴集中的特征。国际贸易的发展，更是刺激了沿海港口城市的发展，促进海岸带人口的聚集。由此可见，自然环境条件和社会经济条件共同表明了中国"黑河—腾冲"线以东的沿海区域是更适合人类居住的区域，城镇化的推进应该尊重大自然及人口聚集规律，有意识地引导"黑河—腾冲"线以西的人口向"黑河—腾冲"线以东的区域迁移。

然而，在人口不断东迁的过程中，人们不免要担心"黑河—腾冲"线以东区域的土地资源承载能力。本书以日本作为参照，分析了中国"黑河—腾冲"线以东区域土地资源承载能力的提升空间（见表5-2、表5-3）。

表 5 – 2　　"黑河—腾冲"线以东的各省人口、土地、人口密度

省市	人口（人）	土地面积（平方公里）	人口密度（人/平方公里）
黑龙江	38 312 224	450 076	85.12
云南	45 966 239	383 978	119.71
吉林	27 462 297	190 541	144.13
四川	80 418 200	484 310	166.05
陕西	37 327 378	205 900	181.29
广西	46 026 629	236 811	194.36
贵州	34 746 468	176 252	197.14
山西	35 712 111	156 381	228.37
海南	8 671 518	33 979	255.20
江西	44 567 475	167 302	266.39
辽宁	43 746 323	145 260	301.16
福建	36 894 216	121 894	302.67
湖北	57 237 740	186 163	307.46
湖南	65 683 722	212 418	309.22
重庆	28 846 170	82 539	349.49
河北	71 854 202	187 045	384.15
安徽	59 500 510	140 397	423.80
浙江	54 426 891	102 045	533.36
河南	94 023 567	165 600	567.78
广东	104 303 132	177 084	589.00
山东	95 793 065	153 422	624.38
江苏	78 659 903	100 952	779.18
天津	12 938 224	11 606	1 114.79
北京	19 612 368	16 370	1 198.07
上海	23 019 148	6 306	3 650.36
分界线以东部分	**1 222 730 572**	**4 288 325**	**285.13**
全国	**1 339 724 852**	**9 600 000**	**139.55**

资料来源：第六次全国人口普查数据、《中国统计年鉴》。

表 5 - 3　　　日本人口排名靠前的城市人口、土地面积、人口密度

县市		人口（人）	土地面积 （平方公里）	人口密度 （人/平方公里）
神奈川县	横滨市	3 710 008	438	8 479
大阪府	大阪市	2 686 246	223	12 046
爱知县	名古屋市	2 276 590	326	6 974
北海道	札幌市	1 952 255	1 121	1 741
兵库县	神户市	1 537 864	552	2 785
福冈县	福冈市	1 519 349	342	4 446
京都府	京都市	1 469 253	828	1 775
神奈川县	川崎市	1 461 043	143	10 239
埼玉县	埼玉市	1 251 549	217	5 755
广岛县	广岛市	1 185 656	905	1 310
宫城县	仙台市	1 073 242	785	1 366
千叶县	千叶市	965 679	272	3 549
福冈县	北九州市	963 259	490	1 967
日本		**127 020 000**	**377 835**	**336. 178**

资料来源：http：//uub. jp/rnk/cktv_j. html。

根据 2010 年第六次全国人口普查数据发现，"黑河—腾冲"线以东区域的平均人口密度为 285. 13 人/平方公里，低于日本的 336 人/平方公里；除上海市、北京市、天津市人口密度超过 1 000 人/平方公里外，其余"黑河—腾冲"线以东的省份人口密度都在 800 人/平方公里以下。而日本排名靠前的城市人口密度都在 1 300 人/平方公里以上，高于北京市、天津市。其中，大阪市和川崎市甚至高达 10 000 人/平方公里以上。

从表 5 - 2 和表 5 - 3 的比较中不难发现，中国"黑河—腾冲"线以东的省市，除上海市、北京市、天津市单位土地资源承载能力提升空间有限外，其余省市的土地资源承载能力仍有很大的拓展空间。倘若未来"黑河—腾冲"线以西的人口大量迁移到更适合居住的东部地区，单位土地资源承载能力在一定时期内仍是允

许和充分的。

2. 石油、天然气、煤炭等能源

从资源分布看，石油、天然气、煤炭等能源主要分布在东北地区、北部沿海、黄河中游、西南地区以及大西北地区。硫铁矿、高岭土等有色金属主要集中在南部沿海和长江中游地区（见表5－4）。

表5－4　　　　　　　　八大经济区能源矿产比较

经济区	石油储量		天然气储量		煤炭储量	
	万吨	占比（%）	亿立方米	占比（%）	亿吨	占比（%）
东北地区	85 388	25.62	2 336	5.33	103	4.48
北部沿海	64 271	19.29	940	2.15	125	5.44
黄河中游	45 075	13.53	14 795	33.79	1518	66.06
西南地区	1 114	0.33	11 288	25.78	204	8.88
大西北	84 446	25.34	11 123	25.40	235	10.23
全国	333 258	100.00	43 789	100.00	2 298	100.00

经济区	硫铁矿储量		高岭土储量		锌矿	
	万吨	占比（%）	万吨	占比（%）	万吨	占比（%）
东部沿海	855.80	0.64	1 503.94	3.94	37.79	1.08
南部沿海	17 346.77	12.92	12 907.85	33.84	338.53	9.68
长江中游	34 945.22	26.02	5 765.25	15.11	190.03	5.44
全国	134 285.00	100.00	38 143.00	100.00	3 490.00	100.00

资料来源：国家统计局。

石油储量方面，东北地区、北部沿海、黄河中游、西南地区以及大西北地区共占全国的84%。其中，东部地区占比25.62%，大西北地区占比25.34%，北部沿海占比19.29%，黄河中游占比13.53%（见图5－5）。

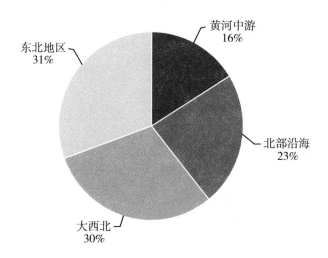

图 5 - 5　2012 年四大经济区石油储量分布

资料来源：国家统计局。

　　天然气储量方面，东北地区、北部沿海、黄河中游、西南地区以及大西北地区共占全国的 92.45%。其中，黄河中游地区占比 33.79%，西南地区占比 25.78%，大西北地区占比 25.40%（见图 5 - 6）。

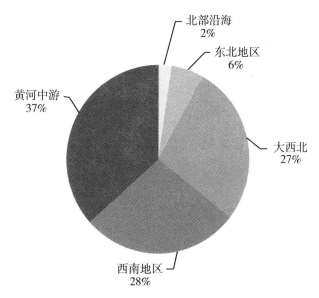

图 5 - 6　2012 年五大经济区天然气储量分布

资料来源：国家统计局。

　　煤炭储量方面，东北地区、北部沿海、黄河中游、西南地区以及大西北地区共占全国的 95.08%。其中，黄河中游占比 66.06%，大西北地区占比 10.23%，西南地区占比 8.88%（见图 5－7）。

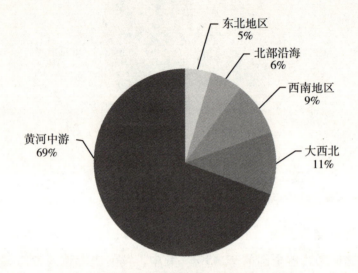

图 5－7　2012 年五大经济区煤炭储量分布

资料来源：国家统计局。

　　由此可见，相较于东部沿海、南部沿海、长江中游等地区而言，黄河中游、大西北地区、东北地区、北部沿海、西南地区能源矿产较为丰富。事实上，黄河中游地区、北部沿海、东北地区的大多数城市也是依托先天资源禀赋获得了最初的发展。

　　从人均占有石油储量来看，大西北地区、东北地区、北部沿海名列前三，高于全国平均水平；南部沿海、西南地区、长江中游、东部沿海低于全国平均水平（见图 5－8）。

　　从人均占有天然气储量来看，大西北地区、黄河中游、西南地区高于全国平均水平，其他地区低于全国平均水平。其中，大西北地区是全国平均水平的 5.4 倍；长江中游仅为全国平均水平的 7‰（见图 5－9）。

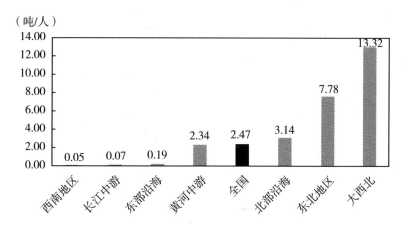

图 5 - 8　2012 年八大经济区人均占有石油储量

资料来源：国家统计局。

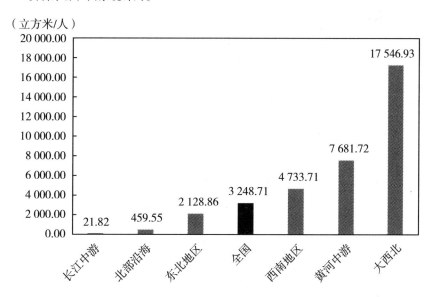

图 5 - 9　2012 年八大经济区人均占有天然气储量

资料来源：国家统计局。

从人均占有煤炭储量来看，黄河中游、大西北地区名列前茅，高于全国平均水平，其他地区低于全国平均水平。其中，黄河中游是全国平均水平的 4.6 倍，而长江中游地区约是全国平均水平的 1/4（见图 5 - 10）。

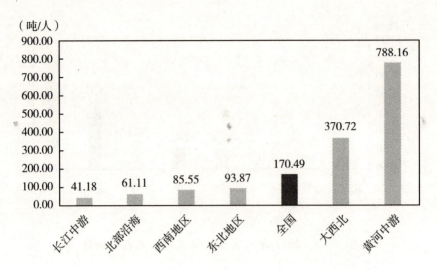

图5－10　2012年八大经济区人均占有煤炭储量

资料来源：国家统计局。

总之，从人均占有石油、天然气、煤炭资源情况来看，大西北地区、西南地区、黄河中游地区、东北地区都有比较明显的资源禀赋优势，而东部沿海、南部沿海等地区显然不具备依靠资源起家的先天优势。

城镇化与自然资源启示2

要素禀赋理论认为，区域生产要素相对丰裕程度是区域分工和区际贸易产生的主要原因，并决定了生产要素相对价格和劳动生产率的差异。按照要素禀赋条件进行区际分工和专业化生产，有利于消除区域经济发展的差距并提高整体的福利水平。埃斯库拉等（Ezcurra et al.，2006）认为，区域之间要素禀赋的不均衡和要素生产率的差异构成某一地区相对于其他区域的优势，并决定着该区域的增长路径和形式。

资源基础理论认为，城市发展需要一定的前提条件，诸如经济环境、资源情况、区位情况等，城市对制度、文化、社会资本以及外部环境等非实体资源的控制较弱，而对于自然资源、资本、科技、人力资源等实体资源具有较强的掌控能力，能源利用的主动性和便利性较高，这些资源是城市发展的主要根基。例如，大庆、克拉玛依等城市的产生和发展壮大就与其丰富的石油资源密切相关；而攀枝花、马鞍山、唐山等城市的发展则与其丰富的铁矿石资源密切相关。

一般而言，自然资源往往提供一个地区或城市最初发展的原动力。不过，随着城镇化的深度推进，资源富裕地区的经济增长速度却常常落后于资源贫瘠的地区（Gelb，1988），如盛产石油的印度尼西亚、委内瑞拉等国与资源缺乏的东亚"四小龙"的经济差距；资源丰裕的尼日利亚与资源贫瘠的日本迥异的经济发展结果（Sala-i-Martin & Subramanian，2003）；中国资源丰富的中西部地区经济增长明显落后于资源贫瘠的东部地区（徐康宁、王剑，2006）。针对这些"资源诅咒"的经验结果，很多文献提出了自然资源约束经济增长的各种传导机制。吉尔法松（Gylfason，2001）认为，自然资源丰裕的国家和地区依靠自然资源禀赋就可以轻易得到源源不断的财富，这些财富的获得减少了本国或本地区经济对投资及储蓄的依赖与需求；此外，丰富的自然资源使得资源开采和简单加工等初级部门的边际生产率大幅提高，这会导致生产要素从制造业部门向初级部门的转移，造成制造业的日益萎缩。萨克斯（Sachs，1999）认为，由于国际市场初级产品价格波动比较频繁，幅度也比较大，这样来自自然资源的收入会表现出高度的不稳定，以自然资源为基础的国家或地区的经济会频繁经历繁荣与衰退的周期，这种经济波动会加剧政府宏观调控的难度，增加投资者的投资风险。萨克斯和沃纳（Sachs & Warner，2001）还认为，丰裕的自然资源使得那些靠资源租金生活的人所获得的收入远远高于企业家，这促使具有潜在企业家才能的人转移到初级部门，限制了潜在创新者的创新行为，这种对企业家才能的约束和创新行为的挤出，使得整个经济缺乏效率及推动力。

资源型城市延伸阅读

资源型城市指的是对自然资源依赖程度较高的城市，必须符合几个条件：一是依托资源禀赋兴建或发展起来；二是城市的主导产业主要围绕资源开发而建立的采掘业和矿产品初级加工业；三是城市资源性产业的产值在工业产值中占据较大份额；四是从事资源开发及相关产业的劳动力份额较大。

资源型城市不仅包括矿业城市，如煤城、油城；也包括矿产资源的初级加工城市，如钢城、有色冶金城等；还包括依托森林资源发展起来的森工城市（赵文祥，2007）。根据王青云（2003）的测算，中国共有资源型城市118座，其中矿业城市97座、森工城市21座。在矿业城市中，煤炭城市63座、有色冶金城市12座、黑色冶金城市8座、石油城市9座。然而，根据2008年、2009年、2011年国家确定的三批资源枯竭型城市名单，目前已有69座城市名列其中。可见，已有超半数的资源枯竭型城市面临"资源诅咒"压力。

2007年，《国务院关于促进资源型城市可持续发展的若干意见》指出："长期以来，作为基础能源和重要原材料的供应地，资源型城市为我国经济社会发展做出了突出贡献。但是，由于缺乏统筹规划和资源衰减等原因，这些城市在发展过程中积累了许多矛盾和问题，主要是经济结构失衡、失业和贫困人口较多、接续替代产业发展乏力、生态环境破坏严重、维护社会稳定压力较大等。"

对于资源枯竭型城市，当务之急是组织实施资源型城市的转型。借鉴国内外资源型城市转型的成功做法：一是延伸产业链，提高产业链的附加值。例如，鄂尔多斯通过实施煤炭资源整合与企业兼并重组，积极推进资源深度加工转化，大力发展煤电化、煤气化、煤制油、煤提纯以及煤制甲醇、煤制烯烃等煤化工产业，实施"三年煤炭攻坚战"。二是产业更新，培育接续替代产业，扶持和引导资源型城市形成新的支柱产业。例如，德国鲁尔在转型过程中创造性地发展工业旅游，推进文化建设，实现了从传统煤钢工业基地向现代欧洲文化之都的转变。三是产业延伸与产业更新相结合。例如，休斯顿从起初的石油城市变成以石油为主、包括多种产业集群组成的综合性基地，变成集资本、知识、技术密集和高新技术于一身的现代化大都市，形成了以石油和天然气为基础，依次而上是石油化工、金属加工以及食品加工、交通运输等多种产业。每一种产业都形成由初级产品到高端产品的产业链，整个城市形成既竞争又协调配合的循环经济网络。

当然，尚在成长期或成熟期的资源型城市也当引以为戒，未雨绸缪，做好资源利用和城市转型的长期规划。2013 年，《国务院关于印发全国资源型城市可持续发展规划（2013 ~ 2020 年）的通知》指出，"对处于成熟期的资源型城市而言，应高效开发利用资源，提高资源型产业技术水平，延伸产业链条，尽快形成若干支柱型接续替代产业。高度重视生态环境问题，将企业生态环境恢复治理成本内部化，切实做好矿山地质环境治理和矿区土地复垦。大力保障和改善民生，加快发展社会事业，提升基本公共服务水平，完善城市功能，提高城镇化发展质量。""对处于成长期的资源型城市而言，资源开发处于上升阶段，资源保障潜力大，经济社会发展潜力大，是我国能源资源的供给和后备基地。应规范资源开发秩序，形成一批重要矿产资源战略接续基地。提高资源开发企业的准入门槛，合理确定资源开发强度，严格环境影响评价，将企业生态环境恢复治理成本内部化。提高资源深加工水平，加快完善上下游产业配套，积极谋划布局战略性新兴产业，加快推进新型工业化。着眼长远，科学规划，合理处理资源开发与城市发展之间的关系，使新型工业化与新型城镇化同步协调发展。"

5.2.2　城镇化与地理区位

在影响一个城市经济增长的诸多因素中，自然资源和地理区位是两个相互关联但又彼此不同的重要因素。梁琦（2006）认为，区位的选择决定了厂商的生产能力，进而决定了厂商所在城市和地区的生产能力。可见，良好的地理区位条件也是经济增长的重要因素之一。

按照区位类型划分，我们将八大经济区划分为沿海、沿江（河）及沿边等类型，并依次分析每种类型地理区位的优势（见表5-5）。

表5-5　　　　　　　　八大经济区地理区位比较

经济区	区位类型	区位概述
东北地区	沿边	东北三省是我国对东北亚地区开放的窗口，毗邻的俄罗斯、朝鲜、韩国、日本等国在资源、市场、资本、技术和先进的管理经验上各有所长
北部沿海	沿海	属于"环渤海区域"，其中京津冀位于东北、华北的交汇处；山东省位于黄河下游，分为山东半岛和内陆，其中东部的山东半岛突出于黄海和渤海之间
东部沿海	沿海	长江入海口处的冲积平原，东向东海，与日本九州岛隔海相望
南部沿海	沿海	毗邻港、澳、台，与东南亚（马来西亚、菲律宾、文莱、印度尼西亚等地区）隔海相望
黄河中游	沿河	以豫西晋南关中地区为中心，范围由陕西省宝鸡市向东延伸至河南省等广大区域
长江中游	沿江	长江中游水系，系宜昌至湖口间的河湖水系，包括长江中游干流、洞庭湖、汉江、鄱阳湖诸水系和其他分布两岸的湖群以及直接汇入长江的支流
西南地区	内陆、沿边	毗邻缅甸、老挝、越南等地
大西北	沿边	毗邻哈萨克斯坦、塔吉克斯坦、吉尔吉斯斯坦、巴基斯坦、不丹、印度、尼泊尔等

资料来源：笔者加工整理。

首先，沿海的城市往往可以依托丰富的海洋资源以及便利的水上交通，开展广泛的国际贸易，出口自己的优势自然资源或产品；或者凭借该地区的劳动力、土地、政策优势，吸引邻国或地区的资本投资，取得发展。例如，北部沿海地区的山东半岛大力发展蓝色海洋经济；东部沿海地区自古是工商地带，民间经济活跃，外贸往来兴盛；南部沿海地区则充分发挥毗邻港澳台的地理优势，通过吸收外资，取得快速发展。

其次，沿河或沿江的城镇或地区，常常可以依托丰富的水资源发展冶炼相关产业或者需要灌溉的农业，以及开发水电行业。

最后，沿边的地区或城市往往受到邻国经济的影响。经济地理学认为，区域的富有程度往往显示出空间传染特性，即那些接近富有地区的地区不可能是很贫穷的地区，这种现象在一国内部或国家之间都存在。这表明，存在经济发展的空间扩散效应。一般而言，邻国或地区相对富裕，容易输出资本、技术、人才或产业转移，就近的地区或城市要么"近水楼台先得月"，承接富裕邻国或地区的产业转移、资本、人才；要么与富裕邻国发展错位产业，提供富裕邻国所需的消费品；要么作为国内与国外贸易的港口或交通枢纽而取得发展。例如，东北地区最初的发展得益于苏联的技术和人才援助；珲春市作为国际交通枢纽、商贸物流中心和跨国旅游基地，全力打造图们江区域合作开发的桥头堡和生态旅游宜居地。

城镇化与地理区位启示

随着经济全球化的推进，国与国之间的合作关系越发密切。未来的发展不是行政区域各自的发展，更是跨区域、跨国度的深层次合作。"一带一路"的建设即是一例。"一带一路"指的是"丝绸之路经济带"和"海上丝绸之路"。2013 年 9 月 7 日，习近平主席在哈萨克斯坦访问时，首次提出了加强政策沟通、道路联通、贸易畅通、货币流通、民心相通，共同建设"丝绸之路经济带"的战略倡议。"一带一路"将继承古丝绸之路的开放传统，充分依靠中国与有关国家既有的双多边机制，借助既有的行之有效的区域合作平台，将政治互信、地缘毗邻、经济互补的优势转化为务实合作、持续增长的优势，目标是物畅其流、政通人和、互利互惠、共同发展。

5.2.3 城镇化与人文资源

一个地区或城市历史传承下来的人文资源是当地的"文化基因"，这种"文化基因"往往影响这个地区或城市人们的思想、意识、行为和风格，进而影响社会经济的发展。宋英俊（2008）认为，一个地方的发展，不仅要有形式上的建设和功能上的定位，还要有全民素质和文明程度的提高，要让人文资源成为一个地区最重要、最基础的软实力。王东辉（2012）认为，浙江义乌在土地、资源、人力相对缺乏的条件下，通过创办市场，发展会展产业，推动区域经济迅速发展，这些经济现象背后，剔除贫困的"诱变"因素之外，温州模式的影响、义乌的人文资源是其最大的推动力。八大经济区的人文资源比较见表5-6。

表 5-6　　　　　　八大经济区人文资源比较

经济区	人文资源	人文资源与经济发展
东北地区	主要由肃慎族系文化和华夏文化融合而成，同时又杂糅了北方游牧民族文化的某些特点	东北的流民文化、游牧文化代表着进取，有利于经济的发展；而肃慎文化中因资源占有优势而精细化耕作不足的做法，又抑制着经济发展和财富沉淀
北部沿海	燕赵文化和齐鲁文化	燕赵文化的早期市民意识、侠肝义胆的文化元素有利于经济的发展；而以儒家为主的守秩序的齐鲁文化，又滋生出山东人守成的心态，抑制创新的发展
东部沿海	吴越文化	经世致用、开拓创新的传统精神和追求突破的精英意识、"不拘于行""敢为天下先"的品质、"重商"谋利的氛围、功利和市民化的价值观，极大地促进了当地商业经济的发展

续表

经济区	人文资源	人文资源与经济发展
南部沿海	闽南文化、岭南文化	拼搏进取、开拓创新、与大自然搏斗的海洋性文化，"重商性、开放性和浅儒性"的特征，对当地经济繁荣、商贸活跃有很大的促进作用
黄河中游	存在着农耕与游牧两种截然不同的文明形态。其中，内蒙古属于草原文化，晋陕豫是中原文化和黄土高原文化的结合地带	草原文化中尚"勇"尚"力"的英雄情结，自强坚毅的自由平等精神跟西方主流文化比较相近，有利于经济的发展；晋商文化也有利于商业经济的繁荣；以"仁、义、礼、智、信、恕、忠"为核心的中原文化讲究守护秩序、尊卑有序，对创新会有一定程度的抑制作用
长江中游	楚文化、湖湘文化	楚文化的积极进取、开放融合元素和湖湘文化中的进取、拼搏、斗争、格物致知、实事求是元素与主流文化比较接近，有利于促进经济的发展
西南地区	巴蜀文化和滇黔文化，巴蜀文化是一种基本上未迁移的、稳定的亚文化；滇黔文化具有边陲山寨文化特征，同时又是高原文化、森林文化和民族文化的统一	巴蜀文化中的安逸、坐享其成、惰性元素在一定程度上阻碍着经济的快速发展；而具有边陲山寨文化特征，内敛性强的滇黔文化，也与西方主流文化相去甚远
大西北	独特的游牧文化，是一种地域性、多元性和原生态性的文化	"逐草而居"尚"勇"尚"力"、自强刚毅的游牧文化，与西方主流文化比较接近；但是流动性大的特性，又不利于文化知识的积累与财富沉淀

资料来源：笔者加工整理。

1. 东北地区人文资源

作为中华文明的发祥地之一，东北地区的历史可追溯至史前时期。公元前 4000 年左右，由中华种族肃慎族系创造的新开流文化诞生；两周时期，东北和中原文化开始交流。

历史上，东北地区经历了几次人口变动，主要有：秦汉时期移民嵌入契丹族和女真族并两次入主中原、明清时代的移民由入关到出关的回流以及近代的冀鲁晋流民齐闯关东。

目前，东北地区的族群由流民、谪戍、移民三种构成，其中移民又以山东、山西、河北、河南的为主。移民的迁入给东北地区带来了中原文化、齐鲁文化、豫东文化、晋商文化等，文化的相互交融奠定了多元的新型关东文化基础，形成了东北人独特的人格特质——勇敢与鲁莽共生、开放与保守共存。

东北地区复杂的人文历史构成加之地处边陲，严酷的自然环境——风雪严寒、大漠莽林孕育了其独特的文化。大体上，东北文化主要由肃慎族系文化和华夏文化融合而成，同时又杂糅了北方游牧民族文化的某些特点。一方面，东北土著民族赋予了东北人豪爽、坦荡、义气的人格特点；另一方面，外来文化如齐鲁文化、豫东文化等增加了东北文化的多元性。民国后，中原文化已经完全成为东北地域文化的主流。目前，东北已形成具有兼容性、包容性、开放性的文化特征。

2. 北部沿海人文资源

北部沿海经济区包括北京、天津、河北和山东。在中国漫长的历史演进过程中，这一地区开发较早，并始终占据重要地位，可称得上是中华文明的中心地带。

北部沿海在漫长的历史进程中形成了极具特色的燕赵文化和齐鲁文化。虽然这两者从地理环境和生产方式看都属于平原文化和农业文化，并且都是以汉民族为主体的文化，但是两者在发展脉络与文化内涵等许多方面又各具特点。

燕赵地处中原，世世代代的农耕生活孕育了质朴厚道、侠肝义胆的文化性格，自古有"燕赵多有慷慨悲歌之士"之称。同时，这里又处于各种区域文化的边界地带——东南有齐鲁文化，西边有游牧文化，东北有关东文化。在多元文化的影响下，燕赵文化显示出兼容并包的特点。燕赵文化的一个重要组成部分是禅文化，鼎盛时期的"临济禅"和"赵州禅"将佛法生活化，可视为中国佛教的最高成就。二者风格迥异却又和谐共存。其中，"赵州禅"的慈悲与燕赵的淳朴民风相合，而"临济禅"自在的宗风又颇近于燕赵的豪侠之气，它们都根源于此地与之相应的文化精神。自13 世纪起，河北一直作为京畿重地，这种政治文化中心的区位优势赋予了燕赵文化新的特点。首先，清东陵、承德避暑山庄、直隶总督署等众多名胜古迹蕴含深厚，诉说着封建王朝的兴衰；其次，皇家贵族、文人学子云集于京畿之地，人们的文化水准及政治意识都远高于周边地区。最后，早期市民意识发达，戏曲作为大众传播的媒介遍布城乡。

山东作为齐鲁文化的发源地，其社会生活的方方面面都打上了齐鲁文化的烙印。以儒文化为核心的齐鲁文化影响了中国两千多年，被视为中国传统文化的精华。孔子家族墓地、"道教圣地"崂山、梁山水泊遗址和德州苏禄王墓等名胜古迹是齐鲁文化悠久历史的体现。齐鲁文化中所包含的开放包容、忠诚守信、务实拼搏的精神内涵构成了山东人价值观念的基础，这与社会主义核心价值体系不谋而合，并在新时期服务于中国社会主义建设。然而，2000 多年的正统地位增长了齐鲁文化的惰性，对本土文化的认同感使得山东人产生守成型心态。因此，如何打破文化的封闭性和保守性，与时代接轨实现转型升级成为新时期山东文化建设的重要议题。

3. 东部沿海人文资源

东部沿海自古称"江南"，从地域来看，即今天长江三角洲地区

142

的上海市、江苏省和浙江省。该地区开发较早，历史源远流长。早在7000年前，先民们就在这里繁衍生息，创造了灿烂的河姆渡文化。

历史上，该地区经历了几次重大整合。第一次整合，"泰伯奔吴"和"康王分封宜侯"两个大事件将中原文化引入该地区，并与当地荆蛮文化融合。之后，吴国成立，迅速强大并北上称霸。第二次整合发生于公元3～6世纪。西晋战乱，北人大量南迁，东晋定都建康，吴地得到重点开发。第三次整合发生于唐宋。南北大运河的开通以及安史之乱的爆发再次刺激北人大量南迁，并使得经济中心南移。南宋时，吴地取代了北方成为中国经济文化的中心，而都城临安成为当时最大城市。第四次整合发生在明清时期。当地粮食单位产量达到极限而家庭手工业迅速发展，市镇的兴起推动了城市化进程，苏州则成为全国市场网络的中心，促进了江南文化的繁荣兴盛。近代时期的第五次整合是一种被动的整合。外来的资本主义炮舰打开了东部沿海的大门。"五口通商"的契机拉开了沿海地区近代化的序幕，该地区迅速成为中国民族工业的发祥地之一，上海更是凭借其地理区位跃升为中国第一大工商业城市。最近的一次整合发生在20世纪70年代末，农村经济制度创新和乡镇企业的兴办开创了东部沿海工业化带动农村现代化的局面，随后浦东地区的开发则为当地进一步发展外向型经济奠定了基础。

总体而言，东部沿海地区存在较强的文化认同。该地区属吴越文化圈，自古文化璀璨，人才辈出。在2000多年的发展过程中，吴越文化形成了一些鲜明的特点。首先，江浙一带水乡泽国的地理环境以及由此产生的饭稻耕鱼的生活模式孕育了该地区'尚文崇儒'经世致用的文化特征。其次，吴越文化还蕴含着开拓创新的传统精神和追求突破的精英意识。这种不拘于行、敢为天下先的品质培养了许多反传统的先进分子，如黄宗羲、顾炎武、鲁迅等。值得一提的是，中国传统文化中"重本抑末"的思想并未在该区得到体现，相反，吴越地区从先秦时期就开始形成重商的氛围，功利和市民化的价值观成为推动东部沿海不断发展的原动力。

4. 南部沿海人文资源

福建、广东和海南三省位于中国南部沿海，自古被称为"蛮夷之地"。它们在地理上位置相邻，在历史上交流频繁。一方面组成联系紧密的命运共同体；另一方面又在时代发展中书写着各自独一无二的历史文化。

福建历史悠久，先秦时为闽越人聚居地，故其简称"闽"。历史上这里发生过几次中原人大规模迁入的情况，例如西晋末年的"八姓入闽"以及安史之乱后和北宋末年的北人南迁。秦汉以前，福建的闽越土著文化较少受中原文化影响，地域特色鲜明。汉代之后，随着中央王朝对福建地区统治的加强以及汉人迁入，闽越土著文化开始了与汉文化漫长的融合，并一直持续到五代。宋元明清时期，随着宋儒理学跃居统治地位，闽越文化不断被边缘化。

总体而言，福建文化的主要来源有三：先秦至初唐闽越固有文化的底层积淀、晋唐时期中原华夏文化的有机移植、宋元时期西域文化的强烈影响。

福建文化尤以闽南文化闻名于世。闽南文化是农业文化和海洋文化交融碰撞的复杂综合体，这是由其"三面环山，一面临海"的独特自然环境和复杂的社会结构决定的。闽南人勤俭、耐劳、和顺、拼搏，他们的足迹遍布中国台湾、马来西亚、新加坡等地。厦漳泉是台胞的主要祖籍地，也是闽南文化的发祥地和保存地。其中，肇于宋、成于元、兴于明、盛于清、繁荣于近现代的妈祖文化，即是海洋文化的一种特质。"有海水处有华人，华人到处有妈祖"，妈祖由航海关系而演变为"海神""护航女神"等，因此形成了海洋文化史中最重要的民间信仰崇拜神之一。

广东文化和海南文化同属岭南文化。由于地处海洋腹地与大陆腹地相接触的地带，岭南文化具有明显的海洋性特征。换句话说，岭南文化的特点可以概括为"重商性、开放性和浅儒性"。由于在吸收新概念方面的灵活性和开拓性，岭南成为新文化传播的基地，如康梁策划的"戊戌变法"和孙中山发动的国民革命都发源于此地。岭南文化兼容并包、绚丽多彩，是中华民族文化中的一朵奇葩。代表性元素有：思想——江门学派；艺术——粤剧、岭南画派；宗教——禅宗南派，它们都生动形象地展现了岭南文化务实、开放、兼容、创新的特点。

5. 黄河中游人文资源

黄河中游地区包括山西、陕西、河南和内蒙古四个省份。从自然条件看，400毫米等降水量线和中国地形第二、三阶梯的分界线都从该地区穿过，使得该地区存在着农耕与游牧两种截然不同的文明形态，这两种文明形态的交融和碰撞在其历史上留下了浓墨重彩的一笔。

内蒙古地区属于草原文化体系，具有浓厚的地域特色和民族风情。其主要特征可以概括为：尚"勇"尚"力"的英雄情结、自强坚毅的自由平等精神以及对自然环境的崇拜敬仰。内蒙古人民在草原文化的熏陶下形成了开朗热情、粗犷豪放的性格特征。

晋陕豫是中原文化和黄土高原文化的结合地带。中原文化是一种典型的"圣"文化、"福"文化和"魂"文化，在漫长的历史岁月中，它以厚重、多元、经典的魅力，不断发展壮大，最终成为中华地域文化的核心文化。中原文化以河南为中心向外辐射，具有根源性、正统性、系统性和开放性的特点。其中，"仁、义、礼、智、信、恕、忠"是中原文化的典型代表元素。相比稳定而外扩的中原文化，黄土高原文化是一种牧、猎文化与农耕文化融合后的合成文化，到东汉时完全成熟，具体表现为：政治上相对独立；经济上农业、游猎、游牧并举；社会文化上保持原始的风俗习惯和民间艺术等。目前黄土高原地区只有陕北一带保持着传统的黄土文化形态，黄土高原东部及南部已被中原文化同化，北部则接近草原文化。

黄土高原文化的典型元素有威风锣鼓、窑洞文化和以信天游为代表的陕北民歌以及陕西剪纸。

6. 长江中游人文资源

在漫长的历史岁月里，长江中游地区形成了鲜明的文化特色，尤其是春秋战国时期的楚文化对该地区文化发展有着重要影响。春秋战国时期，楚国以江汉平原作为中心，社会生产蓬勃发展。西周早期，随着楚人向外军事扩张，楚人开始了与外围蛮夷文化的接触。楚人在继承华夏文明的同时，根据逐步形成的自我意识对其加以改造，这一过程一直持续到春秋初期。正是特殊的多民族环境和共存意识奠定了楚文化多元化的特征，具体表现为积极进取、开放融合和至死不屈。此外，楚文化崇火尚凤、亲鬼好巫、天人合一、力求浪漫，与中原文化尚土崇龙、敬鬼远神、天人相分、力主现实形成了鲜明对照；楚人尚赤、尚东、尚左也与北方文化有所不同。念祖、忠君、爱国是中原文化和楚文化的共有之处，但中原文化偏重于礼法，楚文化偏重于情感，而且楚文化在念祖、忠君、爱国上比中原文化表现得更为强烈深沉。两晋南北朝时期，战乱频繁，该地区社会经济遭受严重破坏。公元 554 年，西魏大军攻破江陵，10 万卷图书付之一炬，府库珍宝、文物衣冠尽被掳掠北去。春秋中期以后，楚文化的中心地区南迁至湖南、江西。到了两宋时期，江西人才辈

出，文明程度称冠整个长江流域。李道传《诚斋集》也说："切观
国朝文章之士，特盛于江西。"南宋时，张木式和胡宏等大儒以岳麓
书院为讲席，开一代新风，被称"湖湘学派"，这也是近代湖湘文化
的直接源头。

湖湘文化是一种具有鲜明特征并具有传承关系的地域性文化。
先秦、两汉时期，湖南的文化仍属于楚文化体系。屈原的诗歌艺术、
马王堆的历史文物均具有鲜明的楚文化特征。南北朝及唐宋以后，
经历了宋、元、明几次大规模的移民后，湖湘文化发生了重要变化。
先后产生了理学鼻祖周子、主张经世致用而反对程朱理学的王夫之，
以及"睁眼看世界"的魏源等一系列思想家，从而组合、建构出一
种新的区域文化形态——湖湘文化。湖湘文化历经先秦湘楚的孕育，
以及宋、元、明的洗礼后，在近代造就了"湖南人才半国中""中
兴将相，什九湖湘""无湘不成军"等盛誉。

7. 西南地区人文资源

西南地区处于中国地形三大阶梯的第二阶梯，地形复杂，主要
的地理单元有四川盆地和云贵高原等，各单元间存在较大差异。

西南地区少数民族众多，文化种类多样，文化风格十分丰富。
西南地区文化的多样性主要源于两方面：其一，复杂的地理环境加
之交通不便，客观上有利于各种文化的独立发展和保存；其二，地
处边陲，受中原文化影响小，而且移民来自四面八方，适于多元文
化的发展。巴蜀文化和滇黔文化是西南地区文化的典型代表。其中，
巴蜀文化历史悠久，是一种基本未迁移的、稳定的亚文化。四川盆
地虽被高山和高原围绕，但是山原之间的若干河谷却成为巴蜀得天
独厚的对外交通走廊。依托这个地理特点，巴蜀文化形成了较强的
辐射能力。除与中原、楚、秦文化相互影响外，还表现在对滇黔夜
郎文化和昆明夷、南诏文化的渗透，以及对东南亚金属器、墓葬形

式的影响。处于内陆的滇黔文化，具有边陲山寨文化特征，同时又是高原文化、森林文化和民族文化的统一。特色元素有：酒文化、祭祀文化和舞乐文化等。

8. 大西北地区人文资源

大西北地区深居内陆，地广人稀，是中国少数民族聚居地之一。历史上，大西北地区陆续建立了一些邦国性质的地方政权或者是酋长性质的土司政权，例如西夏和吐蕃等。他们在政治、经济、文化等方面存在明显的特殊性，从而在创造历史的同时形成了众多民族。

历史上，大西北地区有三条重要通道将其与中原地区相连，分别是古丝绸之路、唐蕃古道和茶马古道。古丝绸之路穿越大西北直至地中海沿岸；唐蕃古道则贯通黄土高原与青藏高原；茶马古道跨越云贵高原经青藏高原通往南亚各国。这三条要道促进了贸易发展和民族交融，不仅使中原汉文化在西部得到传播，更使得中亚文化、地中海文化等在此汇集。

该区大部分地方年降水量低于 400 毫米，是我国游牧区分布最广的地带。几千年来，西北地区人民"逐水草而居"的生活方式形成了独特的游牧文化。从根本上说，游牧文化是一种地域性、多元性和原生态性的文化，是干旱、半干旱地区人类与自然和谐共处的文明。这种文明的特点具体表现为：第一，用朴素的形式（多为对自然规律的生动总结）展现出对自然的热爱、崇拜；第二，由于生活物资匮乏，游牧民族不得不在部落间进行以物易物来获取生活必需品，贸易思想在游牧文化中具有重要地位，等价观念和货币观念深入人心；第三，作为一种迁徙文化，游牧民族长期处在与大自然和其他部落的斗争之中，因此培养了强烈的尚武情结。此外，大西北地区游牧文明与农耕文明并存的局面始终存在。一方面，两者互补性很强，是一种互相依存、互相支持、共同发展的关系；另一方面，两者冲突对立。例如，历史上游牧民族对中原地区的掠夺以及发动的战争，虽然给人民造成了苦难，但在某些历史关头也成为时代发展的动力，此外，元代和清代通过征战建立了全国性政权，很大程度上促进了民族融合和文化交流。

城镇化与人文资源启示

本书认为，如果一个城镇或地区的人文资源具有海洋性、重商性、浅儒性等适于工商发展的特征，那么该城镇或地区的经济发展往往较快；反之，如果该城镇或地区的人文资源具有守秩序、守成、安逸等特性，那么该地区的经济发展往往较为缓慢。

从表5-6分析可知，东部沿海、南部沿海的人文资源属于海洋性文化，具有开拓进取、敢为天下先的精神，因此在近代发展中走在前列；而以"忠、义、礼"为核心的齐鲁文化、以"资源占有优势自居，较少讲究精细化耕作"的肃慎文化，以及追求安逸、坐享其成的巴蜀文化都容易产生守成心态，滋生个人惰性，会产生一定程度的抑制作用。

5.2.4 城镇化与基础设施

基础设施是指为社会生产和居民生活提供公共服务的物质工程设施，是用于保证国家或地区社会经济活动正常进行的公共服务系统。基础设施包括交通、邮电、供水供电、商业服务、科研与技术服务、园林绿化、环境保护、文化教育、卫生事业等市政公用工程设施和公共生活服务设施等。

在本书中，按照城镇化起步时点（以1984年为界）划分，将基础设施划分为基础设施Ⅰ和基础设施Ⅱ。其中，基础设施Ⅰ属于祖先或时代的"遗留"，应该算作资本的原始积累；而基础设施Ⅱ才是后天的建设。

基础设施 I。新中国成立前及新中国成立初期，东北地区兴建的铁路、大坝、工业基础设施应该归入此类。日本帝国主义在统治东北的 14 年中，大力发展煤炭、钢铁、水电等重要产业，奠定了东北工业基地的基础。新中国成立初期，鉴于工业后方安全、产业工人成熟及苏联援建便利等因素，新中国政府在制定"一五"计划时选择东北作为重点建设地区，在短时间内顺利建立起完整的工业体系。毫不夸张地说，这种时代的"遗留"极大地促进了当地最初的城镇化发展。不过，当年兴建的铁路、大坝多半老旧，对当前的城镇化发展作用甚微。但是，这不妨碍我们用历史发展的辩证眼光看待一个地区或城市的发展轨迹。

基础设施 II。本书界定的基础设施 II 主要包括交通（铁路、公路、机场）、教育、医疗三个方面。我们从总量和人均占有两个维度进行分析。其中，总量反映了该地区基础设施建设的总体情况；而人均占有则一方面反映该地区或城市对人口的聚集能力，另一方面反映了该地区对居民福利的提供程度。

1. 交通基础设施

（1）交通运输长度。

从铁路营运里程来看，黄河中游、东北地区、北部沿海三者占比之和达到50%以上；从内河航道里程来看，东部沿海、长江中游、西南地区、南部沿海占全国的比重之和高达89%；从公路里程来看，西南地区、长江中游、黄河中游、大西北地区占全国的比重之和达67%；从高速等级公里里程来看，黄河中游、长江中游、西南地区名列前茅，三者占全国的比重之和接近50%；东部沿海、大西北地区占比排名靠后，两者占比之和不到全国的1/5（见表 5 – 7）。

表 5 - 7　　　　　　　　　2012 年八大经济区交通运输长度

经济区	铁路营运里程		内河航道里程		公路里程		高速等级公路里程	
	万公里	占比（％）	万公里	占比（％）	万公里	占比（％）	万公里	占比（％）
东北地区	1.54	15.75	0.70	5.67	35.79	8.45	1.03	10.72
北部沿海	1.21	12.37	0.12	0.97	44.00	10.39	1.21	12.59
东部沿海	0.47	4.81	3.63	29.39	28.02	6.62	0.88	9.16
南部沿海	0.58	5.93	1.56	12.63	31.39	7.42	0.97	10.09
黄河中游	2.23	22.80	0.53	4.29	71.26	16.83	1.80	18.73
长江中游	1.37	14.01	3.10	25.10	76.80	18.14	1.54	16.02
西南地区	1.29	13.19	2.71	21.94	90.57	21.40	1.46	15.19
大西北	1.09	11.15	—	—	45.48	10.74	0.72	7.49
全国	9.76	100.00	12.50	100.00	423.75	100.00	9.62	100.00

资料来源：国家统计局。

从铁路营运里程来看，黄河中游、东北地区、长江中游排名前三。其中，黄河中游占比 23％，东北地区占比 16％，长江中游占比 14％，三者占比之和达到全国铁路营运里程的一半以上。而东部沿海、南部沿海铁路营运里程之和仅为全国的 1/10 左右（见图 5 - 11）。

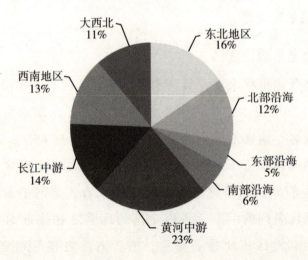

图 5 - 11　2012 年八大经济区铁路营运里程占比

从内河航道里程来看，东部沿海、长江中游、西南地区名列前三。其中，东部沿海占比 29%，长江中游占比 25%，西南地区占比 22%，三者占比之和达到 68%；其他五个大区的占比之和仅有 32%（见图 5 - 12）。

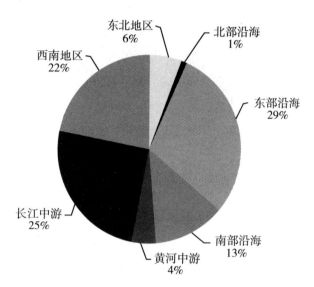

图 5 - 12　2012 年八大经济区内河航道里程占比

从公路里程来看，西南地区、长江中游、黄河中游分别占比 21%、18%、17%，三者占比之和达到全国的一半以上，而东部沿海、南部沿海、东部地区三者占比之和仅为全国的 23%（见图 5 - 13）。

从高速等级公路里程来看，黄河中游、长江中游、西南地区分别占比 19%、16%、15%，三者占比之和达到全国的 50%；而大西北地区、东部沿海、南部沿海三者占比仅为全国的 26%（见图 5 - 14）。

从上述数据来看，长江中游、黄河中游、西南地区的交通运输长度排名靠前，南部沿海、东部沿海、大西北地区相对靠后。

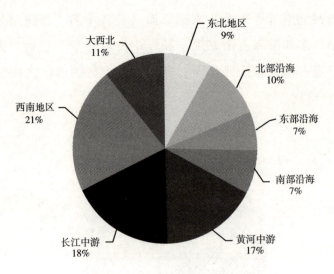

图 5 - 13   2012 年八大经济区公路里程占比

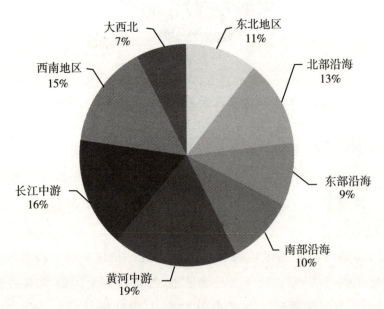

图 5 - 14   2012 年八大经济区高速等级公路里程占比

诚然, 交通运输长度只反映了某一经济区交通运输的总体概况, 并不能很好地反映每个人拥有的便利程度, 因此本书又进行了人均交通运输长度的分析 (见表 5 - 8)。

表 5 - 8　　　　　　　万人拥有交通运输长度　　　　　　　单位：公里

地区	万人拥有铁路营运里程	万人拥有内河航道里程	万人拥有公路里程	万人拥有高速等级公路里程
东北地区	1.40	0.64	32.62	0.94
北部沿海	0.59	0.06	21.51	0.59
东部沿海	0.30	2.30	17.76	0.56
南部沿海	0.38	1.02	20.61	0.64
黄河中游	1.16	0.28	37.00	0.93
长江中游	0.60	1.35	33.52	0.67
西南地区	0.54	1.14	37.98	0.61
大西北	1.72	—	71.75	1.14
全国	**0.73**	**0.92**	**31.41**	**0.71**

　　从万人拥有铁路营运里程看，大西北、东北地区、黄河中游地区排名靠前，高于全国平均水平；东部沿海、南部沿海、西南地区、北部沿海、长江中游地区低于全国平均水平。其中，大西北地区每万人拥有铁路营运里程 1.72 公里，是全国平均水平的 2 倍多；而东部沿海地区每万人拥有铁路营运里程 0.30 公里，不到全国平均水平的一半（见图 5 - 15）。

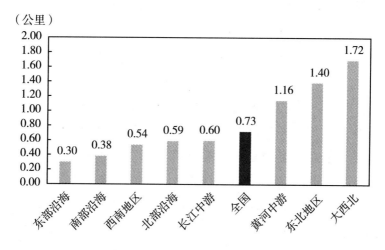

图 5 - 15　2012 年八大经济区万人拥有铁路营运里程

从万人拥有内河航道里程来看，东部沿海、长江中游、西南地区、南部沿海高于全国平均水平，其他四个大区低于全国平均水平。东部沿海每万人拥有内河航道里程 2.30 公里，是全国平均水平的 2.5 倍；北部沿海每万人拥有内河航道里程 0.06 公里，仅为全国平均水平的 6%（见图 5－16）。

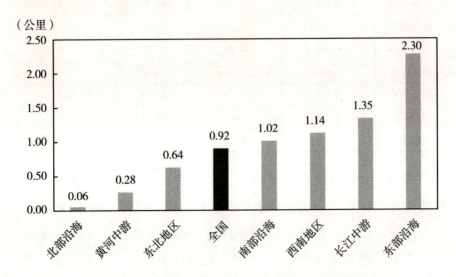

（公里）

图 5－16　2012 年八大经济区万人拥有内河航道里程

从万人拥有公路里程来看，大西北、西南地区、黄河中游、长江中游、东北地区高于全国平均水平；东部沿海、南部沿海、北部沿海低于全国平均水平。其中，大西北每万人拥有公路里程 71.75 公里，是全国平均水平的 2 倍多；东部沿海地区每万人拥有公路里程 17.76 公里，仅为全国平均水平的 3/5（见图 5－17）。

从万人拥有高速等级公路里程来看，大西北、东北地区、黄河中游地区高于全国平均水平，东部沿海、北部沿海、西南地区、南部沿海、长江中游低于全国平均水平。其中，大西北每万人拥有高速等级公路里程 1.14 公里，是全国平均水平的 1.5 倍，是东部沿海地区的 2 倍（见图 5－18）。

（公里）

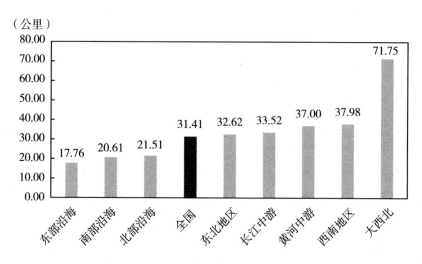

图 5 - 17 2012 年八大经济区万人拥有公路里程

（公里）

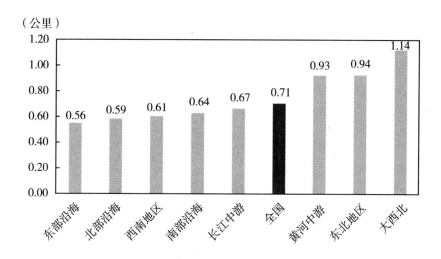

图 5 - 18 2012 年八大经济区万人拥有高速等级公路里程

（2）客流量及客流系数。

从客流量来看，南部沿海、西南地区、长江中游、北部沿海、黄河中游排名靠前，五者占比之和达到全国的 3/4。从客流系数（客运量/常住人口）来看，南部沿海、东部沿海名列前茅，城市繁荣度较高（见表 5 - 9）。

表 5 - 9　　　　　　　2012 年八大经济区客运量与客流系数

地区	客运量		客流系数（客运量/常住人口）
	人数（万人）	占比（%）	
东北地区	228 366	6.00	20.81
北部沿海	540 956	14.22	26.45
东部沿海	511 684	13.45	32.43
南部沿海	703 424	18.49	46.19
黄河中游	386 637	10.16	20.07
长江中游	609 087	16.01	26.59
西南地区	656 368	17.25	27.53
大西北	135 576	3.56	21.39
全国	3 804 034	100.00	28.22

资料来源：国家统计局。

从客运量占比来看，南部沿海、西南地区、长江中游排名靠前，三者占比之和达到 51%；而大西北地区、东北地区分别占比 4%、6%，两者占比之和仅为 10%（见图 5 - 19）。

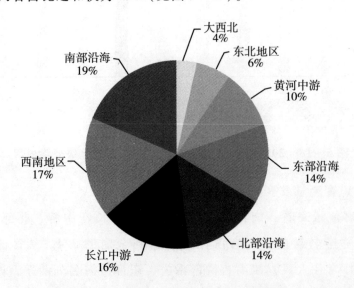

图 5 - 19　2012 年八大经济区客运量占比

　　我们用客流系数来表示该地区或城市对外来人口的吸引以及交通枢纽的承载能力。客流系数越大，说明该地区的交通枢纽地位越明显。从八大经济区客流系数比较来看，南部沿海、东部沿海客流系数遥遥领先，黄河中游地区、东北地区客流系数相对落后。这也从一定程度上反映出东部沿海、南部沿海相对发达，对人口的吸引聚集作用较大（见图 5 – 20）。

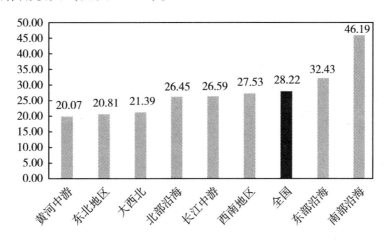

图 5 – 20　2012 年八大经济区客流系数比较

（3）机场及吞吐量情况。

　　从八大经济区飞机场数量及机场吞吐量来看，东部沿海、南部沿海、北部沿海、西南区吞吐量排名靠前，四大经济区客流量占比高达全国的 3/4（见表 5 – 10）。

表 5 – 10　　　　　　　2012 年八大经济区机场及旅客吞吐量情况

地区	飞机场	旅客吞吐量		吞吐量/年末常住人口
	数量（座）	万人	占比（％）	
东北地区	20	4 273.06	6.29	0.39
北部沿海	15	12 431.14	18.29	0.61
东部沿海	18	13 179.67	19.39	0.84
南部沿海	14	13 296.18	19.56	0.87

地区	飞机场数量（座）	旅客吞吐量		吞吐量/年末常住人口
		万人	占比（%）	
黄河中游	24	5 788.76	8.52	0.30
长江中游	18	4 535.97	6.67	0.20
西南地区	38	11 322.34	16.66	0.47
大西北	33	3 150.09	4.63	0.50
全国	180	67 977.21	100.00	0.50

据不完全统计，全国共有民用机场 180 个，其中西南地区和西北地区共有 71 个，占比达到 1/3 以上；北部沿海、东部沿海、南部沿海 47 个，占比不到 1/4（见图 5 - 21）。

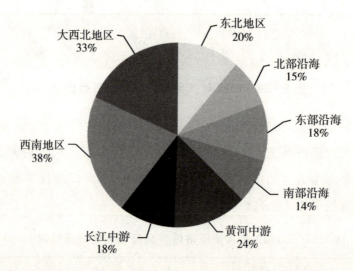

图 5 - 21　2012 年八大经济区民用机场分布情况

资料来源：笔者加工整理。

从机场吞吐量和占比来看，南部沿海、东部沿海、北部沿海、西南地区都超过 1 亿人，占比都在 15% 以上。而大西北地区、东部地区、长江中游、黄河中游明显落后（见图 5 - 22）。

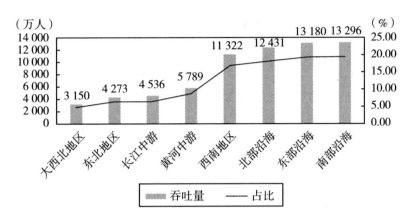

图 5 - 22　2012 年八大经济区机场旅客吞吐量及占比

资料来源：笔者加工整理。

从机场旅客吞吐量/常住人口来看，南部沿海、东部沿海、北部沿海依然遥遥领先；长江中游、黄河中游、东北地区依然落在后头（见图 5 - 23）。由此可见，南部沿海、东部沿海、北部沿海人口聚集度较高。

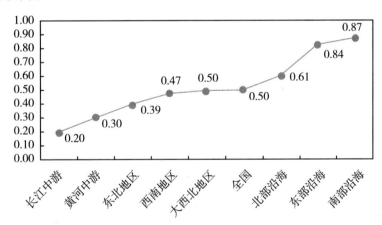

图 5 - 23　2012 年八大经济区机场旅客吞吐量/年末常住人口

2. 卫生基础设施

从卫生基础设施总量来看，北部沿海、长江中游、黄河中游、西南地区排名靠前；东北地区、大西北地区排名明显落后（见表 5 - 11）。

表 5 - 11 八大经济区卫生基础设施

指标	医疗卫生机构数	医疗卫生床位数	卫生人员数	卫生技术人员数	执业助理医师数	执业医师数	注册护士数
单位	万张	万个	万人	万人	万人	万人	万人
东北地区	7.67	53.70	79.68	59.21	24.10	21.06	21.91
北部沿海	16.21	91.19	155.96	111.83	44.86	37.49	40.08
东部沿海	6.62	65.62	110.32	87.34	34.37	29.60	33.97
南部沿海	7.90	52.49	95.86	73.96	28.12	22.95	29.00
黄河中游	16.88	83.93	140.98	98.43	38.39	29.69	35.25
长江中游	15.66	92.60	138.43	100.15	38.47	30.42	39.57
西南地区	17.95	102.35	146.14	103.85	41.06	32.58	38.45
大西北	6.15	30.61	43.54	32.12	12.24	10.09	11.38

资料来源：国家统计局。

从医疗卫生机构数及占比来看，西南地区、黄河中游、北部沿海、长江中游地区排在前四位，四个大区占比之和接近全国的 3/4，而大西北地区、东部沿海、东北地区、南部沿海四个大区仅占全国的 1/4 左右。大西北地区的医疗机构数仅为西南地区的 1/3 左右（见图 5 - 24）。

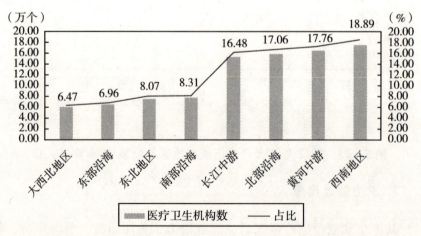

图 5 - 24 2012 年八大经济区卫生医疗机构数量及占比

从医疗卫生床位数及占比来看，西南地区、长江中游、北部沿海、黄河中游依然名列前茅；大西北地区、南部沿海、东北地区、东部沿海依然靠后。其中，西南地区的医疗卫生床位数是大西北地区的 3 倍左右（见图 5–25）。

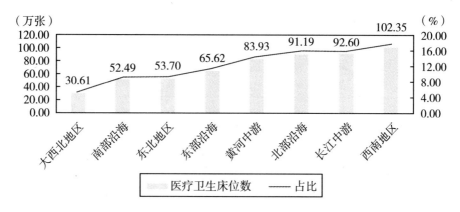

图 5–25　2012 年八大经济区医疗卫生床位数及占比

从卫生人员及卫生技术人员数量看，北部沿海、西南地区、黄河中游、长江中游依然位居榜首，大西北地区、东北地区仍然垫底。其中，北部沿海卫生人员数接近大西北地区卫生人员数的 4 倍（见图 5–26）。

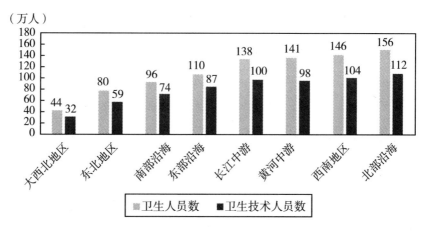

图 5–26　2012 年八大经济区卫生人员及卫生技术人员数量

从执业医师（含助理）数量来看，北部沿海、西南地区、长江中游、黄河中游依然遥遥领先；大西北地区、东北地区、南部沿海、东部沿海依然排名靠后。其中，北部沿海的数量是大西北地区的 4 倍（见图 5 - 27）。

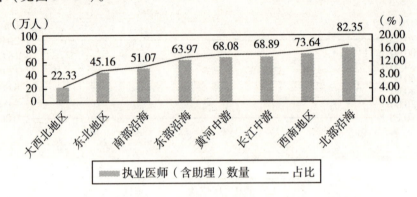

图 5 - 27　2012 年八大经济区执业医师（含助理）数量及占比

由此可见，从卫生医疗设施总量来看，北部沿海、西南地区、长江中游、黄河中游都高于东部沿海、南部沿海、东北地区和大西北地区的数量。对每万人拥有的卫生资源分析发现，大西北地区、北部沿海、黄河中游地区的人均水平高于其他大区的水平（见表 5 - 12）。

表 5 - 12　　　　　　八大经济区每万人拥有卫生资源

经济区	每万人拥有医疗机构数	每万人拥有病床数	每万人拥有卫生人员数	每万人拥有卫生技术人员数	每万人拥有助理医生数	每万人拥有执业医生数	每万人拥有护士数
东北地区	6.99	48.94	72.61	53.96	21.96	19.19	19.97
北部沿海	7.93	44.58	76.25	54.67	21.93	18.33	19.59
东部沿海	4.19	41.59	69.92	55.36	21.78	18.76	21.53
南部沿海	5.19	34.47	62.95	48.57	18.46	15.07	19.04
黄河中游	8.76	43.58	73.20	51.11	19.93	15.42	18.30
长江中游	6.84	40.42	60.42	43.71	16.79	13.28	17.27
西南地区	7.53	42.92	61.28	43.55	17.22	13.66	16.12
大西北	9.70	48.29	68.69	50.67	19.31	15.92	17.95
全国	7.02	42.28	67.32	49.30	19.32	15.80	18.44

资料来源：国家统计局。

从每万人拥有医疗机构数来看，大西北、黄河中游、北部沿海地区、西南地区排名靠前，高于全国平均水平；而东部沿海、南部沿海、长江中游、东部地区排名靠后，低于全国平均水平（见图 5 - 28）。

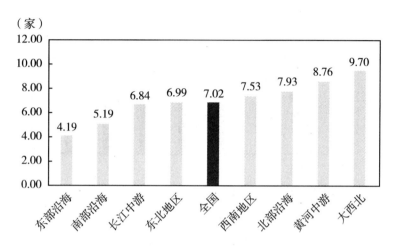

图 5 - 28　2012 年八大经济区每万人拥有医疗机构数

从每万人拥有病床数看，除南部沿海较小外，八大经济区的差距并不大。排名靠前的是东北地区、大西北地区，排名靠后的是南部沿海、长江中游（见图 5 - 29）。

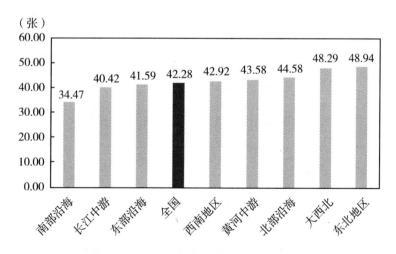

图 5 - 29　2012 年八大经济区每万人拥有病床数

从每万人拥有卫生人员数和每万人拥有技术人员数来看，北部沿海、黄河中游、东部地区排名靠前；长江中游、西南地区、南部沿海相对靠后（见图 5-30）。不过，在该指标上八大区的差距并不太悬殊。

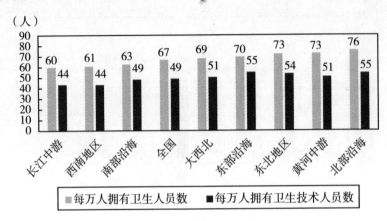

图 5-30　每万人拥有卫生人员数及每万人拥有卫生技术人员数

从每万人拥有执业医师数和每万人拥有护士数来看，东部地区、东部沿海、北部沿海、大西北高于全国平均水平，其他大区低于全国平均水平（见图 5-31）。

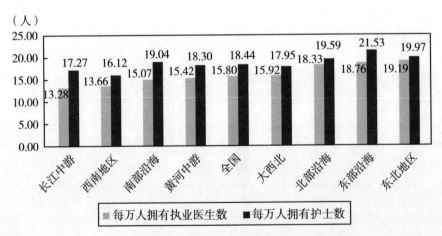

图 5-31　2012 年八大经济区每万人拥有
执业医师及每万人拥有护士数

3. 教育基础设施

目前，中国对教育的最大投入在高等院校，因此本书主要对高等教育的数量以及教育经费、人均教育经费进行了比较分析（见表5 – 13）。

表 5 – 13　　　　　　　　八大经济区教育基础设施

经济区	常住人口（万人）	高等教育学校数（所）	2011 年教育经费		人均教育经费（元/人）
			（万元）	占比（%）	
东北地区	10 973	248	16 941 463	7.87	1 544
北部沿海	20 455	393	33 685 761	15.64	1 647
东部沿海	15 777	322	35 057 465	16.28	2 222
南部沿海	15 229	240	26 923 441	12.50	1 768
黄河中游	19 260	334	29 194 668	13.56	1 516
长江中游	22 910	449	29 311 521	13.61	1 279
西南地区	23 846	344	32 315 628	15.01	1 355
大西北	6 339	112	11 906 467	5.53	1 878
全国	134 789	2 442	215 336 414	100.00	1 598

资料来源：国家统计局。

从高等教育学校数来看，长江中游、北部沿海、西南地区排名靠前，其中长江中游占比接近1/5，而大西北地区占比为全国的1/20（见图5 – 32）。

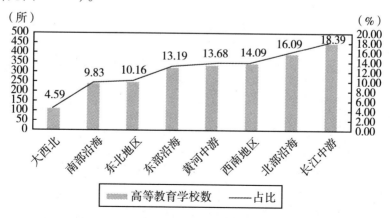

图 5 – 32　2012 年八大经济区高等教育学校数

从教育经费上看，东部沿海、北部沿海、西南地区、长江中游投入比较大，四大区的占比之和达到全国的60%，而其他四大区的占比之和只有40%（见图5-33）。大西北地区和东北地区教育投入与东部沿海、北部沿海有较大的差距。

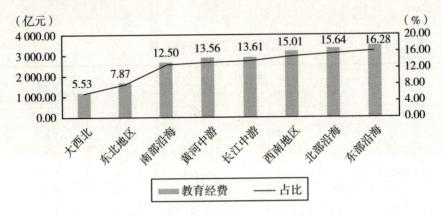

图5-33 2011年八大经济区教育经费比较

从人均教育经费上看，东部沿海、大西北、南部沿海、北部沿海排名靠前，高于全国平均水平；而长江中游、西南地区、黄河中游、东北地区排名靠后，低于全国平均水平。其中，东部沿海2 222元，长江中游1 279元，两者相差943元（见图5-34）。

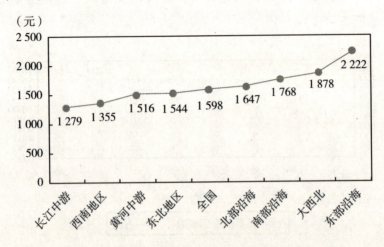

图5-34 2011年八大经济区人均教育经费比较

城镇化与基础设施启示

经济学家及世界银行专家对基础设施与经济增长关系的研究表明，基础设施与经济增长存在作用与反作用的关系。一方面，基础设施的投资、建设及其提供的服务，对经济增长既有直接推动作用，也有间接推动作用。良好的基础设施可以降低企业生产成本，改善投资和消费环境，吸引更多要素进入本地区。另一方面，经济的持续快速增长会对基础设施产生需求压力。倘若基础设施的供给与服务达不到经济发展水平的要求，将会制约经济的发展。张光南、杨子晖（2009）认为，基础设施与经济增长存在格兰杰因果关系，基础设施对经济增长贡献显著为正，其产出弹性受制度环境影响。

从上述分析比较中可以发现，经济较为发达、基础设施相对完备的东部沿海、北部沿海、南部沿海对人口的聚集效应明显，这在一定程度上印证了"基础设施的投资、建设及其提供的服务，对经济增长起到推动效应。"此外，土地城镇化快于人口城镇化带来的矛盾冲突，基础设施无法很好地满足经济增长的持续需求，对经济增长的制约作用开始凸显。

5.2.5　城镇化与政策及策略

经济政策是指政府为实现一定的政治和经济任务，或为指导和调节经济活动，所规定的在经济生活上的行动准则及措施，主要包括财政与税收政策、货币政策、贸易政策等。策略是指为实现某一目标而制订的若干方案。

其中，区域经济政策是中央政府"自上而下"调控区域经济运行的一种重要手段。区域经济政策在提高资源优化配置效率、促进区域经济协调发展发挥着重要作用。弗里德曼（1966）认为，区域政策处理的是区位方面的问题，即从国家层面上考虑"在什么地方"发展经济的问题。通过操纵国家政策变量，能够对区域经济的未来发展进行规划和引导。张可云（2005）认为，区域经济政策主要是中央政府干预区域经济的重要工具，它通过政府的集中安排，有目的地对某些类型的问题区域实行倾斜，以改变由市场机制作用所形成的一些空间结果，促使区域经济发展与区域格局协调并保持区域分配合理。

　　从八大经济区的发展构想及政策和策略来看，国家对各个经济大区的发展各有侧重（见表 5-14）。其中，东北地区是重点是振兴老工业基地，保持能源原材料制造业基地的地位，并发展为重型装备和设备制造业基地及全国性的专业化农产品生产基地；东部沿海、北部沿海、南部沿海主要是加快产业升级和转移，大力发展海洋经济；黄河中游则是加快中部地区崛起，发展成为中国最大的煤炭开采和煤炭深加工基地、天然气和水能开发基地、钢铁工业基地、有色金属工业基地、奶业基地；长江中游也是加快中部崛起，扩大区域合作范围，发展为以水稻和棉花为主的农业地区专业化生产基地及相关深加工工业、以钢铁和有色冶金为主的原材料基地，以及武汉"光谷"和汽车生产基地；西南地区和大西北地区深入推进西部大开发，积极承接中东部的产业转移。其中，西南地区重点发展以重庆为中心的重化工业和以成都为中心的轻纺工业两大组团及以旅游开发为龙头的"旅游业—服务业—旅游用品生产"基地；大西北地区定位为重要的能源战略接替基地，以及最大的综合性优质棉、果、粮、畜产品深加工基地，向西开放的前沿阵地和中亚地区经济基地与特色旅游基地。

表 5 – 14　　　　　　　　　八大经济区政策及策略比较

经济区	发展构想	政策及策略
东北地区	• 重型装备和设备制造业基地 • 保持能源原材料制造业基地的地位 • 全国性的专业化农产品生产基地	东北老工业基地振兴、资源型城市转型
北部沿海	• 最有实力的高新技术研发和制造中心之一 • 加速区域一体化进程	京津冀协同发展、山东半岛城市群、山东半岛蓝色经济区
东部沿海	• 最具影响力的多功能的制造业中心 • 最具竞争力的经济区之一	长江三角洲地区改革开放和经济社会发展的指导意见、苏南现代化建设示范区规划、海洋功能区规划
南部沿海	• 中国最重要的外向型经济发展的基地 • 消化国外先进技术的基地 • 高档耐用消费品和非耐用消费品生产基地 • 高新技术产品制造中心	泛珠三角区域合作、海峡西岸经济区、珠江—西江经济带、赣闽粤原中央苏区振兴
黄河中游	• 中国最大的煤炭开采和煤炭深加工基地、天然气和水能开发基地、钢铁工业基地、有色金属工业基地、奶业基地	中部地区崛起、晋陕豫黄河金三角区域合作、中原经济区建设
长江中游	• 以水稻和棉花为主的农业地区专业化生产基地及相关深加工工业 • 以钢铁和有色冶金为主的原材料基地 • 武汉"光谷"和汽车生产基地	中部地区崛起、"两型"社会试验区、武汉城市圈、长株潭城市群、鄱阳湖生态经济区、皖江城市带
西南地区	• 以重庆为中心的重化工业和以成都为中心的轻纺工业两大组团 • 以旅游开发为龙头的"旅游业—服务业—旅游用品生产"基地	西部大开发、成渝经济区、黔中经济区、川渝合作示范区（广安片区）、毕节示范区
大西北	• 重要的能源战略接替基地 • 最大的综合性优质棉、果、粮、畜产品深加工基地 • 向西开放的前沿阵地和中亚地区经济基地与特色旅游基地	西部大开发、陕甘宁革命老区振兴

资料来源：笔者加工整理。

1. 东北地区政策及策略

2003 年以来，国家先后出台多个政策促进东北地区的发展。其中，《关于实施东北地区等老工业基地振兴战略的若干意见》《国务院关于进一步实施东北地区等老工业基地振兴战略的若干意见》《东北地区振兴规划》《东北振兴"十二五"规划》等，为东北地区老工业基地振兴以及资源型城市转型提供了积极的指导意见（见表5－15）。

表 5－15　　　　　　　　东北地区政策及策略

出台政策	出台单位
关于实施东北地区等老工业基地振兴战略的若干意见	国家发展改革委
国务院关于东北地区振兴规划的批复	国家发展改革委、国务院振兴东北地区等老工业基地领导小组办公室
国家发展改革委关于实施东北地区等老工业基地振兴战略工作总结的报告	国家发展改革委
国务院关于进一步实施东北地区等老工业基地振兴战略的若干意见	国务院办公厅
关于加快转变东北地区农业发展方式建设现代农业指导意见的通知	国务院办公厅
国家发展改革委关于印发东北地区物流业发展规划的通知	国家发展改革委
东北振兴"十二五"规划	国家发展改革委
中科院科技服务东北老工业基地振兴行动计划（2012～2015 年）	国家发展改革委、中国科学院
全国老工业基地调整改造规划（2013～2022 年）	国家发展改革委
国家发展改革委关于做好城区老工业区搬迁改造试点工作的通知	国家发展改革委
东北地区旅游业发展规划	国家旅游局、国家发展改革委

资料来源：国家发展改革委东北振兴司。

2. 北部沿海政策及策略

京津冀协同、山东半岛蓝色区建设都上升为国家战略。2014年，李克强总理在《政府工作报告》中明确要求要"加强环渤海及京津冀地区经济协作"（见表 5 - 16）。

表 5 - 16　　　　　　　北部沿海经济区政策及策略

出台政策	出台单位
国务院关于天津市城市总体规划的批复	国务院
京津风沙源治理工程规划	国家林业局、农业部、水利部、京津冀晋内五省（区、市）人民政府
国家发展改革委关于印发黄河三角洲高效生态经济区发展规划的通知	国家发展改革委
国家发展改革委关于印发河北沿海地区发展规划的通知	国家发展改革委
国务院关于河北省海洋功能区划（2011～2020 年）的批复	国务院
国务院关于石家庄市城市总体规划的批复	国务院
京津冀及周边地区落实大气污染防治行动计划实施细则	环境保护部、国家发展改革委、工业和信息化部、财政部、住房城乡建设部、能源局
国家发展改革委关于印发青岛西海岸新区总体方案的通知	国家发展改革委
国务院关于同意设立青岛西海岸新区的批复	国务院

资料来源：国家发展改革委。

3. 东部沿海政策及策略

国务院先后出台了《国务院关于进一步推进长江三角洲地区改革开放和经济社会发展的指导意见》《长江三角洲地区区域规划》，明确了东部沿海地区发展的战略定位以及发展策略（见表 5 -17）。

表 5 – 17   东部沿海地区政策及策略

出台政策	出台单位
国务院关于进一步推进长江三角洲地区改革开放和经济社会发展的指导意见	国务院
国务院关于推进上海加快发展现代服务业和先进制造业建设国际金融中心和国际航运中心的意见	国务院
国家发展改革委关于印发长江三角洲地区区域规划的通知	国家发展改革委
国务院关于浙江省海洋功能区划（2011～2020 年）的批复	国务院
国务院关于江苏省海洋功能区划（2011～2020 年）的批复	国务院
国家发展改革委关于印发苏南现代化建设示范区规划的通知	国家发展改革委

资料来源：国家发展改革委。

4. 南部沿海政策及策略

南部沿海凭借毗邻港澳的先天地理优势，借着改革开放的春风，以及国家各项优惠政策优先发展起来。改革开放以来，国家先后出台了多项政策支持南部沿海的发展，从先前的"珠三角"到现今的"泛珠三角"，区域之间相互合作，共谋发展（见表 5 – 18）。

表 5 – 18   南部沿海地区政策及策略

出台政策	出台单位
国务院关于珠江三角洲地区改革发展规划纲要（2008～2020 年）的批复	国务院
关于进一步支持福建海洋经济发展和生态省建设的若干意见	国家海洋局
国务院关于支持福建省加快建设海峡西岸经济区的若干意见	国务院
泛珠三角区域合作框架协议	"9＋2"政府领导
海峡西岸经济区发展规划	国务院
国家发展改革委关于印发赣闽粤原中央苏区振兴发展规划的通知	国家发展改革委
国务院关于珠江—西江经济带发展规划的批复	国务院

资料来源：国家发展改革委。

5. 黄河中游政策及策略

《2014 年政府工作报告》强调"大力支持中部地区崛起，加大对革命老区、民族地区、边疆地区、贫困地区的支持力度"。自中部崛起战略确定后，国家先后出台了一系列措施促进黄河中游地区的发展（见表 5 - 19）。

表 5 - 19　　　　　　　黄河中游地区政策及策略

出台政策	出台单位
中共中央、国务院关于促进中部地区崛起的若干意见	国务院
国务院关于支持河南省加快建设中原经济区的指导意见	国务院
国务院关于黑龙江和内蒙古东北部地区沿边 开发开放规划的批复	国务院
国家发展改革委关于印发 2013 年促进中部地区 崛起工作要点的通知	国家发展改革委
国家发展改革委关于印发黑龙江和内蒙古东北部地区 沿边开发开放规划的通知	国家发展改革委
国务院批复晋陕豫黄河金三角区域合作规划	国务院
国家发展改革委关于印发晋陕豫黄河金三角区域 合作规划的通知	国家发展改革委

资料来源：国家发展改革委。

6. 长江中游政策及策略

2006 年 4 月，《中共中央、国务院关于促进中部地区崛起的若干意见》出台。

2011 年，《全国主体功能区规划》将长江中游地区确定为"国家重点开发区域"，承担"逐步成为支撑全国经济发展和人口集聚的增长极"的使命。"鼓励和支持武汉城市圈、长株潭城市群和环鄱阳湖城市群开展战略合作，促进长江中游城市群一体化发展。"

2012 年 8 月，国务院出台《关于大力实施促进中部地区崛起战略的若干意见》，中三角进入国家战略视野。

具体政策及策略见表 5 - 20。

表 5 - 20 长江中游地区政策及策略

出台政策	出台单位
中共中央、国务院关于促进中部地区崛起的若干意见	国务院
国务院关于印发全国主体功能区规划的通知	国务院
国务院关于大力实施促进中部地区崛起战略的若干意见	国务院
国务院关于洞庭湖生态经济区规划的批复	国务院
国家发展改革委关于印发洞庭湖生态经济区规划的通知	国家发展改革委
国家发展改革委关于印发 2013 年促进中部地区崛起工作总结和 2014 年工作要点的通知	国家发展改革委

资料来源：国家发展改革委。

7. 西南地区政策及策略

西部大开发战略适用于西南、大西北地区，本部分重点阐述针对西南省份的政策，西部大开发的政策放在下面"大西北地区政策及策略"阐述。

2011 年国务院批准《成渝经济区区域规划》，这是中国推进新一轮西部大开发战略和实现区域协调发展的重要举措。规划明确以成都和重庆为主的成渝经济区，到 2015 年，建成西部地区重要经济中心；到 2020 年，成为中国综合实力最强的区域之一。

根据规划，成渝经济区的战略定位是：建成西部地区重要的经济中心、全国重要的现代产业基地、深化内陆开放的试验区、统筹城乡发展的示范区和长江上游生态安全的保障区。

具体政策及策略见表 5 – 21。

表 5 – 21　　　　　　　　西南地区政策及策略

出台政策	出台单位
国务院关于进一步促进广西经济社会发展的若干意见	国务院
国务院关于成渝经济区区域规划的批复	国务院
国务院关于进一步促进贵州经济社会又好又快发展的若干意见	国务院
国家发展改革委关于川渝合作示范区（广安片区）建设总体方案的批复	国家发展改革委
国家发展改革委关于黔中经济区发展规划的批复	国家发展改革委
国务院办公厅关于开展对口帮扶贵州工作的指导意见	国务院办公厅
国家发展改革委关于印发深入推进毕节试验区改革发展规划的通知	国家发展改革委

资料来源：国家发展改革委西部开发司。

8. 大西北地区政策及策略

西部大开发是中国重大战略举措。2000 年 1 月，国务院成立了西部地区开发领导小组，研究加快西部地区发展的基本思路和战略任务，部署实施西部大开发的重点工作。2004 年国务院出台了《国务院关于进一步推进西部大开发的若干意见》，指出要"坚持把西部地区自力更生、艰苦奋斗与国家政策支持结合起来，更大程度地发挥市场配置资源的基础性作用，不断增强西部地区的自我发展能力。"2012 年国务院批复同意了《西部大开发"十二五"规划》，这是国务院批复的第三个西部大开发五年规划，进一步明确了深入实施西部大开发战略部署的基本思路。

具体政策及策略见表 5 – 22。

表 5－22   大西北地区政策及策略

出台政策	出台单位
国务院关于实施西部大开发若干政策措施的通知	国务院
西部地区人才开发十年规划	中共中央办公厅、国务院办公厅
国务院关于进一步推进西部大开发的若干意见	国务院
国务院关于西部大开发"十一五"规划的批复	国务院
国务院办公厅关于应对国际金融危机保持西部地区经济平稳较快发展的意见	国务院办公厅
国家发展改革委印发关于进一步做好东部城市对口支持西部地区人才培训工作的指导意见的通知	国家发展改革委
国家发展改革委办公厅关于进一步做好西部地区管理人才创新培训工程实施工作的通知	国家发展改革委办公厅
国家发展改革委办公厅关于印发 2011 年东部城市对口支持西部地区人才培训计划的通知	国家发展改革委办公厅
国务院办公厅关于印发兴边富民行动规划（2011～2015 年）的通知	国务院办公厅
国务院办公厅关于进一步支持甘肃经济社会发展的若干意见	国务院办公厅
西部大开发"十二五"规划	国家发展改革委
国家发展改革委关于印发陕甘宁革命老区振兴规划的通知	国家发展改革委
国家发展改革委办公厅关于印发 2013 年东部城市对口支援西部地区人才培训计划的通知	国家发展改革委办公厅

资料来源：国家发展改革委西部开发司。

城镇化与政策及策略启示

制度经济学认为，一个地区或城市除了依托自身要素发展外，还会从外界积极寻求政策及策略的支持，通过吸引更多要素聚集，促进当地城镇化。然而，国家为了平衡各大经济区的发展，可能相继出台性质相似的区域政策，反而抹平或弱化了原先政策对该区域的促进作用，难以形成政策高地或洼地。如中国（上海）自由贸易试验区设立一年后，国务院决定在广东、天津、福建特定区域再设三个自由贸易园区，虽然相较于其他地区自由贸易试验区仍有较大的政策效应，但是上海自由贸易试验区的政策效应将会一定程度的减弱。

此外，当前的区域经济政策大多基于行政区划而定，在现行的财政体制和政绩考核制度下，存在明显的地方保护主义倾向，区域间的协作壁垒很难打破。建议未来的区域经济政策可以打破行政区划，以区域共同利益为出发点，实现跨区域的合作与互惠互利。例如，"一带一路"的建设就是充分依靠中国与有关国家的双多边机制，借助既有的、行之有效的区域合作平台，充分发挥政治互信、地缘毗邻、经济互补的优势。当然，区域协作最重要的是建立区域合作常设机构以及区域合作的规范机制，确保区域合作能够顺畅地进行。

最后，鉴于区域经济政策的折扣效应，地方政府仍需积极制定有利于当地发展的针对性的政策和策略，抢先抓早，形成要素聚集的比较优势。

5.3　要素组合、互动与利用

5.3.1　城镇化"恒星要素"与"行星要素"的定义

对样本城镇的分析发现，城镇化起步最早的，往往是那些要么"上帝"偏爱，要么"祖宗"留有遗产，或者兼而有之的城镇和地区。相较于具有先天优势的城市而言，先天不足的城市则需要付出更大的努力，甚至付出再大的努力在一段时间内都无法实现超越，这确实不公平。但我们也看到，一些"上帝不爱""祖宗不留"的地区，也在城镇化的道路上探索出自己的发展模式。例如，浙江义乌商品城的建立，极大地促进义乌城镇化的发展。

先天存在（自然资源、地理区位、人文资源、基础设施Ⅰ）、后天建设（基础设施Ⅱ、政策及策略），对于其他要素（资本、技术、劳动力）具有吸纳能力，自身又具有辐射能力。就像太阳，对地球有吸引力，自身又辐射地球。因此，我们将先天存在和后天建设看作要素家族的恒星，称之为城镇化"恒星要素"；与之相对应，将被吸纳的资本、技术、劳动力看作要素家族的行星，称之为城镇化"行星要素"。

恒星要素 = {先天存在、后天建设}

行星要素 = {劳动力、资本、技术}

5.3.2　恒星要素与行星要素的关系

与通常意义上的"恒星"与"行星"关系略有不同。本书认为，具有比较优势的恒星要素会不断吸引行星要素的聚集、互动，从而促进城镇化的发展；而部分行星要素在投入城镇化建设的过程中，会逐渐转化为恒星要素（见图5-35）。例如投入市政基础设施建设中的资本会逐渐转化为当地的基础设施，转变为恒星要素。此外，不同经济大区之间的恒星要素对行星要素还存在竞争，恒星要素优势越明显的地区越容易吸引行星要素的聚集。

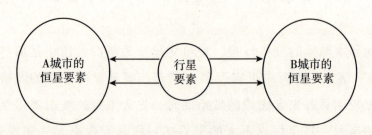

图5-35　恒星要素与行星要素的关系

因此，对于恒星要素具有比较优势的城市而言，要通过比较优势的不断再造，保持对行星要素的持续吸引；而对于恒星要素当前不具备比较优势的城市而言，则要积极创造条件，寻求吸引。

5.3.3　要素的组合、互动与利用

一个地区或城市吸纳行星要素后，通过要素的组合、互动与利用，形成自身的城镇化发展模式。具体表现为，城镇化恒星要素的吸纳和辐射形成了要素流动，而要素流动造成产业结构的变化，产业结构的演变伴随着城镇化的推进。因此，研究城镇化发展模式，应该着重对要素的利用及其作用机制进行分析。换句话说，要素的组合、互动与利用，是城镇化发展模式研究的重要方向。

不过，本章的目的在于提出城镇化发展模式的新观点及研究新思路，并不进行深入探讨。未来，随着我们团队研究跟踪的城镇数量越来越多，积累的素材资料不断丰富，我们会对城镇化发展模式及其驱动力进行专门的课题研究，并出版书籍，敬请期待。

第6章

统计数据上的建议

对研究者来说，获得标准化、精确化的数据是最基础也是最重要的工作。然而，数据的缺失或者矛盾一直困扰着我们的研究。有时，迫于数据来源和精准性的约束，我们不得不采取一些并不情愿的调整。当然，我们也乐观地认为，这种矛盾与折中，恰恰也是本书的特色之一：在无奈和遗憾中，完成了在严苛的约束条件下的探索与创新，为残缺的现实提供了方向性指导。

6.1　试点小城镇选择标准和选择方式上的困惑

2004 年，国家发改委公布了《国家发展改革委办公厅关于开展全国小城镇发展改革试点工作的通知》，《通知》中明确了改革试点小城镇的三个选择标准：

第一，具有一定发展潜力，具备有利的区位条件和优势，经济基础、人口规模以及市场发育程度能够代表该地区小城镇的发展水平；

第二，领导班子发展改革意识强，对承担试点任务积极性高，勇于探索和试验，上级政府和有关部门大力支持；

第三，在以往的试点工作中，积累了成功经验并愿意继续进行发展改革试点的探索。

对政策制定者而言，这三条选择标准已经提供了原则性的指导；对政策执行者而言，这三条选择标准仍然过于宏观，还需要配套一些定量的、硬性指标加以衡量；对研究者而言，当地政府如何在选择标准的宏观指导下，开展科学、有效的试点镇选取工作，才是关注的重点。

然而，本书几经查询，并没有获得配套的选择指标，也没有找到试点小城镇的经济发展数据，只是大略了解到改革试点小城镇的确定流程——当地发展改革委员会推荐"基础条件好、发展潜力较大的小城镇作为改革试点"至发展改革委员会小城镇改革发展中心，小城镇改革发展中心综合平衡后，确定全国发展改革试点小城镇名单。

官方披露，设立改革试点小城镇的目的是"以重点镇为突破，全面推进小城镇改革和发展"。由于没有具体的指标数据提供强有力的支撑，我们无法对改革试点小城镇的上报、筛选的合理性进行评估。

总之，在改革试点小城镇的选择上，我们建议政府官方网站上能够披露相关的选择标准，并及时公布试点小城镇相应的发展状况，供社会各界研究、评估、监督之用。

6.2　试点小城镇统计数据上的困难

迄今为止，国家发改委已经公布了三批改革试点小城镇发展名单。在研究之初，我们就决定选择 2005 年第一批改革试点小城镇作为研究样本，原因有三：一是第一批改革试点小城镇具备先发优势，本身就具有很强的代表性；二是经过十年的发展，能够更清晰、准确地分析、掌握其发展轨迹及发展差异，可以提供可靠的研究依据；三是改革试点小城镇的案例、素材相对丰富，便于资料收集。

然而，理想与现实之间总是存在不可逾越的鸿沟。作为全国小城镇改革的"先锋军团"——试点小城镇的数据收集工作却举步维艰。

难点一：试点小城镇发展数据匮乏

除了部分实验区，如毛集、叶集有独立的统计数据外，其他小城镇几乎没有现成的、可用的数据。我们认为，设立试点小城镇的目的在于试验，总结发展经验，再推广到其他小城镇，由点带面，分期、分批促进小城镇的发展。

那么，试点小城镇发展数据的公开、公布很有必要。因为，数据的公开有利于社会各界对试点小城镇的发展进行把脉，总结试点小城镇的发展得失，客观呈现试点小城镇发展模式、路径、方法，给其他小城镇发展以借鉴。然而，小城镇发展数据的缺失，让关注小城镇发展的研究人员"巧妇难为无米之炊"。无奈之下，我们选取了试点小城镇所属的县或县级市作为研究对象。

难点二：不同省份统计年鉴的标准不一

具体表现为：

（1）指标分类前后不一致。有些地区不同年份指标分类不一致，指标连贯性差，分析价值低。如某些地区在 2008 年之前将固定资产投资划分为城镇投资和农村投资，2008 年之后又划分为工业投资和第三产业投资。据业内人士透露，指标分类的变动较为频繁，也给统计人员带来较大的困扰。

（2）指标在某些年份出现了部分缺失。本书发现，统计年鉴在公布各县及县级市的数据时，某些前几年公布的指标，在后续几年中停止公布，导致整理的数据年限有限，实用性降低。例如，某省的统计年鉴在 2009 年之后就不再公布城乡居民储蓄的指标值。

（3）计量单位上的错误，主要表现为计量单位的明显不准确。例如，某地区 2005 年国民经济发展指标统计公报上，"城乡居民储蓄"公布的数据计量单位前后不一致。根据常识推理，2005 年其计量单位应该是"亿元"而非"万元"（见表 6 - 1）。

表 6 - 1　　　　　　　　计量单位错误示例

年份	2005	2006	2007	2008	2009	2010
城乡居民储蓄	28.9 万元	32 亿元	30.3 亿元	36.04 亿元	42.6 亿元	49.3 亿元

难点三：数据公布偏好

例如，城市往往倾向于公布经济发展指标，较少公布生态指标；外来人口多的城市倾向于公布户籍人口统计口径下的人均 GDP。不得不说，关键指标数据的缺失，给我们的研究带来很大困扰。

对于数据收集中存在的疑惑，我们进行了反复的校对，必要时还向统计局电话咨询。在此特别感谢那些提供帮助的统计局工作人员，如慈溪市统计局、余姚市统计局、盘县统计局、黟县统计局、灵武市统计局、昌吉市统计局、江油市统计局、河南省统计局、湖南省统计局等，他们热情的帮助和耐心的解答，使得我们的数据更加准确严谨。

以上是我们在数据采集过程的一些心得和体会，如有表述不周，敬请谅解。此外，鉴于我们能力和精力所限，数据的采集分析难免会有疏漏，也请读者海涵。

参 考 文 献

[1] 曹广忠、刘涛：《中国省区域城镇化的核心驱动力演变与过程模型》，载于《中国软科学》2010年第9期。

[2] 陈鸿彬：《农村城镇化发展质量评价指标体系的构建》，载于《经济经纬》2003年第9期。

[3] 陈明、张云峰：《城镇化发展质量的评价体系研究》，载于《城市理论前沿》2013年第2期。

[4] 陈适宜、邹碧海：《重庆文化和人文精神与重庆经济社会发展》，载于《重庆行政》2008年第4期。

[5] 储东涛：《长三角县域经济发展模式及路径创新》，载于《江苏大学学报》2010年第3期。

[6] 崔曙平、赵青宇：《转型期关于推进农民就地城镇化的思考》，引自《2013中国城市规划年会论文集》。

[7] 单卓然、黄亚平：《城镇化的质量评估：以数理分析为导向的规划应对策略探讨——基于湖北省26个山区县市的相关统计数据》，2013年城市时代协同规划——中国城市规划年会。

[8] 费孝通：《小城镇，大江苏》，江苏人民出版社1984年版。

[9] 官锡强：《加快小城镇发展步伐》，载于《广西日报》2007年。

[10] 郭亚军：《综合评价理论、方法及应用》，科学出版社2007年版。

[11] 郭叶波：《城镇化发展质量的本质内涵与评价指标体系》，载于《学习与实践》2013年第3期。

[12] 郝华勇：《城镇化发展质量的差异评价与提升对策——以东部10省市为例》，载于《经济探讨》2012年第6期。

[13] 胡锦涛：《坚定不移沿着中国特色社会主义道路前进为全面建设

小康社会而奋斗——在中国共产党第十八次全国代表大会上的报告》，人民出版社 2012 年版。

[14] 姜爱林：《关于信息化推动城镇化的战略选择》，载于《经济前沿》2001 年。

[15] 金碚：《"十二五"开局之年的中国工业》，载于《中国工业经济》2012 年第 7 期。

[16] 孔凡文、许世卫：《中国城镇化发展速度与质量问题研究》，东北大学出版社 2006 年版。

[17] 李萌：《国内外城镇化发展模式对比分析及启示，中国中小城市发展报告》，社会科学文献出版社 2012 年版。

[18] 李明秋、郎学彬：《城市化质量的内涵及其评价指标体系的构建》，载于《中国软科学》2010 年第 12 期。

[19] 李琪：《城市化质量研究：理论框架与中国经验》，中国经济出版社 2013 年版。

[20] 李铁：《城镇化改革路径》，载于《中国投资》2013 年第 1 期。

[21] 厉以宁：《中国道路与新城镇化》，商务印书馆 2013 年版。

[22] 梁琦：《产业集聚轮》，商务印书馆 2006 年版。

[23] 廖元和：《欠发达地区劳务外包发展前景与对策——重庆市垫江县劳务外包调研报告》，载于《西部论坛》2011 年。

[24] 刘海梅：《城市化评价指标体系设计探讨》，载于《今日科技》2004 年第 9 期。

[25] 刘吉超：《中国县域经济发展模式研究评述及其反思》，载于《企业经济》2013 年第 2 期。

[26] 刘士鑫：《我国农村剩余劳动力转移问题研究》，载于《农村经济与科技》2014 年第 2 期，

[27] 刘素冬：《对我国城市化质量的深度思考》，载于《苏州科技学院学报》（社会科学报）2006 年。

[28] 陆立军：《略论"温州模式"的精髓与创新》，载于《中国农村经济》2004 年第 12 期。

[29] 牛文元：《走中国特色的城市化道路》，中国科学院高技术局、政策局和科技政策研究所联合主办，"全面建设小康社会与科技创新"战略论坛，2003年。

[30] 戚晓旭、杨雅维、杨智尤：《新型城镇化评价指标体系研究》，载于《宏观经济管理》2014年第2期。

[31] 秦敬云：《要素投入与我国城市经济增长》，厦门大学博士学位论文，2007年。

[32] 苏小、金彦平：《国外城镇化发展经验与中国新型城镇化建设》，载于《世界农业》2013年第10期。

[33] 孙长青、田园：《经济学视角下新型城镇化评级指标体系的构建》，载于《河南社会科学》2013年第10期。

[34] 王东辉：《人文精神、政府职能对区域经济的作用——义乌市"专业市场＋会展"经济发展模式研究》，载于《江苏商论》2012年第3期。

[35] 王海峰、杨萍：《就地城镇化：新型城镇化战略的路径趋势》，载于《扬州职业大学学报》，2013年。

[36] 王家庭、唐袁：《我国城市化质量测度的实证研究》，载于《财经问题研究》2009年第12期。

[37] 王璐：《智慧城市建设成熟度评价研究》，哈尔滨工业大学硕士论文，2013年。

[38] 王梦奎等：《中国特色城镇化道路》，中国发展出版社2004年版。

[39] 王平、战磊：《创新导向型县域经济发展模式及其路径选择》，2006年。

[40] 王青云：《资源型城市经济转型研究》，中国经济出版社2003年版。

[41] 魏后凯：《中国城镇化发展质量综合评价报告》，载于《经济研究参考》2013年第31期。

[42] 许兴亚、贾轶、牛志勇：《我国社会主义新农村建设的榜样——河南省竹林镇、刘庄村、南街村集体经济考察报告》，载于《马克思主义

研究》2008 年第 7 期。

[43] 许学强、李郇:《改革开放 30 年珠江三角洲城镇化的回顾与展望》,载于《经济地理》2009 年第 29 期。

[44] 阎中洋:《县域经济与民营经济发展问题研究》,郑州大学硕士学位论文,2004 年。

[45] 杨慧珍:《我国新型城镇化形势下城镇化发展质量评价体系指标的构建》,载于《经济研究导刊》2013 年第 20 期。

[46] 姚宇、赵雨晴:《我国城镇化发展驱动力的三因素分析——基于 LMDI 的乘法分解》,载于《学习与实践》2014 年第 11 期。

[47] 余晖:《我国城市化质量问题的反思》,载于《开放导报》2010 年第 1 期。

[48] 袁晓玲、王霄、何维炜:《对城市化质量的综合评价分析——以陕西省为例》,载于《城市发展研究》2008 年。

[49] 张春梅、张小林、吴启焰:《发达地区城镇化发展质量的测度及其提升对策》,载于《经济地理》2012 年第 7 期。

[50] 张光南、杨子晖:《制度、基础设施与经济增长的实证研究——基于面板数据的分析》,载于《经济管理》2009 年。

[51] 张海燕:《智慧城市成熟度评估系统的构建基础和原则》,载于《经济导刊》2012 年第 3 期。

[52] 张辉:《产业集群竞争力的内在经济机理》,载于《中国软科学》2003 年第 1 期。

[53] 赵伟:《县域经济发展模式:基于产业驱动的视角》,载于《武汉大学学报》,2007 年第 4 期。

[54] 赵文祥:《资源枯竭型城市劳动力转移规律与就业问题研究》,中国劳动社会保障出版社 2007 年版。

[55] 郑亚平:《我国省域城市化质量水平的测评》,载于《重庆工商大学学报》,西部论坛,2006 年。

[56] 中国城市经济学会中小城市经济发展委员会:《中国中小城市发展报告(2013)》,社会科学文献出版社 2013 年版。

　　[57] 中国城市经济学会中小城市经济发展委员会:《中国中小城市发展报告—中国新型城镇化之路 (2012)》，社会科学文献出版社 2012 年版。

　　[58] 周丽萍:《中国人口城市化质量研究》，浙江大学博士学位论文，2011 年。

　　[59] 周一星:《城市化与国民生产总值关系的规律性探讨》，载于《人口与经济》1982 年第 1 期。

　　[60] 邹进泰、彭先镇:《县域经济发展的四种模式》，载于《湖北日报》2005 年。

　　[61] Argent, N., Smailes, P. & Gfiffin, T, "The Amenity Complex: Towards a Framework for Analysing and Predicting the Emergence of a Multifunctional Countryside in Australia", *Geographical Research*, Vol. 45, 2007, pp. 217 – 232.

　　[62] Arriaga, E. E., "A New Approach to the Measurements of Urbanization", *Economic Development & Cultural Change*, Vol. 18, 1970, P. 206.

　　[63] Ezcurra R. Pascual P. and Rapùn M., "Regional Specialization in the European Union", *Regional Studies*, Vol. 40, 2006, pp. 601 – 616.

　　[64] Gelb, A., *Windfall Gains: Blessingor Curse*? Oxford University Press, 1988.

　　[65] Gylfason, T., "Natural Resources, Education, and Economic Development", *European Economic Review*, Vol. 45, 2001, pp. 847 – 859.

　　[66] Porter M, "Clusters and the new economics of competition", *Harvard Business Review*, Vol. 76, 1998, pp. 78 – 89.

　　[67] Puga, D., "Urbanization patterns: European versus less developed countries", *Journal Of Regional Science*, Vol. 38, P. 231.

　　[68] Sachs, J., and A. Warner, "Natural Resource Abundance and Economic Growth", *NBER Working Paper*, 1995.

　　[69] Sala-i-Martin, X. and A. Subramanian, "Addressing the Natural Resource Curse: An Illustration from Nigeria", *IMF Working Paper*, 2003.

　　[70] Shen J. F., "Understanding DualTrack Urbanisafion in Post—Re-

form China: Conceptual Framework and Empirical Analysis", *Population Space and Place*, Vol. 12, 2006, pp. 497 – 516.

[71] United Nations Human Habitat, *The State of the World's Cities Report 2001*, New York: United Nations Publications, 2002, pp. 116 – 118.

[72] United Nations Human Habitat, *Urban Indicators Guidelines*, *United Nations Human Settlement Programme*, New York: United Nations Publications, 2004, pp. 8 – 9.

[73] Yu, Z., "In Situ Urbanization in Rural China: Case Studies from Fujian Province", *Development & Change*, Vol. 31, 2008, P. 413.

后　记

　　经过一年多的孕育，《中小城市城镇化发展模式研究——成熟度与质量评价》一书终于和读者见面了。

　　本书之所以能够付梓，首先要感谢我们研究团队的其他成员——郭小姣、丁凡茜、何威、吕博学、孔姝、丁琳琳的辛苦付出。在写作过程中，他们做了大量艰难而又烦琐的数据收集、整理及校验工作；在模型和概念构建等方面，他们参与了多番激烈的讨论，并提出了很多建设性意见。

　　还要感谢厉以宁教授等专家学者。他们在城镇化方面的卓越思想和成果，帮助我们少走了许多弯路。

　　感谢所有提供帮助和支持的人士，尤其感谢保利建设徐克先生、湖南大瑶镇李爱民先生、长沙广播电视集团陈佑臻先生、江苏洪泽农村商业银行朱彩涛先生、浙江华侨基金杨宇潇先生、杭州彭埠街道党工委王跃强先生提供的研究便利，以及徐沛沛女士（慈溪统计局）、邹宇先生（慈溪统计局）、孙召伟先生（中数通信息有限公司）、李俊杰先生（微软亚洲研究院）、陈清水先生（丰田汽车广州分公司）、陈妍伶女士（北京交通大学）、张锦涛先生（灵武市统计局）、马玲玲女士（昌吉市统计局）等人的帮助。

　　毋庸置疑，中国城镇化仍是21世纪中国乃至世界经济的重要驱动要素之一，至少还有20年的高速发展期。未来，我们还将对城镇化进行更大范围、更多层面的系列研究，以期为中国城镇化提供更多的理论支撑和实践参考。除此之外，我们也会紧跟经济热点，关注"一带一路""区域经济""自贸区"等影响中国未来走向的重大课题，并进行力所能及的研究。

　　囿于时间和水平，并受限于资料和数据的匮乏，本书必有诸多错讹之处，恳请专家、学者和各界人士批评指正。

陈燕凤

2015 年 5 月

图书在版编目（CIP）数据

中小城市城镇化发展模式研究：成熟度与质量评价/张维智，单忠东，陈燕凤著．—北京：经济科学出版社，2015.5
（北京大学民营经济研究丛书）
ISBN 978 - 7 - 5141 - 5801 - 4

Ⅰ.①中…　Ⅱ.①张…②单…③陈…　Ⅲ.①中小城市 - 城市化 - 发展模式 - 研究 - 中国　Ⅳ.①F299.21

中国版本图书馆 CIP 数据核字（2015）第 110391 号

责任编辑：赵　蕾
责任校对：徐领弟
责任印制：李　鹏

中小城市城镇化发展模式研究
——成熟度与质量评价
厉以宁　顾问
张维智　单忠东　陈燕凤　著

经济科学出版社出版、发行　新华书店经销
社址：北京市海淀区阜成路甲 28 号　邮编：100142
总编部电话：010 - 88191217　发行部电话：010 - 88191540
网址：www. esp. com. cn
电子邮件：esp@ esp. com. cn
天猫网店：经济科学出版社旗舰店
网址：http://jjkxcbs. tmall. com
北京季蜂印刷有限公司印装
710×1000　16 开　13 印张　160000 字
2015 年 5 月第 1 版　2015 年 5 月第 1 次印刷
ISBN 978 - 7 - 5141 - 5801 - 4　定价：48.00 元